신약이 가르쳐 주는 실천적 기도 가이드
예수님의 '기도' 마스터 클래스

신약이 가르쳐 주는 실천적 기도 가이드
예수님의 '기도' 마스터 클래스

박 선 규

반디북스

너는 기도할 때에 네 골방에 들어가 문을 닫고
은밀한 중에 계신 네 아버지께 기도하라
은밀한 중에 보시는 네 아버지께서 갚으시리라

But when you pray, go into your room,
close the door and pray to your Father, who is unseen.
Then your Father, who sees what is done in secret,
will reward you.

마태복음 6장 6절

추천의 글

"하나님과 친밀한 대화를 경험하도록 이끌어 줄 길잡이"

오늘날 우리는 급변하는 시대 속에서 어떻게 사는 것이 바른 것인지, 하나님께서 내게 원하시는 것이 무엇인지, 분별하지 못한 채 답답한 마음으로 살아갑니다. 우리는 급변하는 시대에서 흔들리지 않는 믿음을 더욱 굳건히 세워야 하는 중요한 시기를 살아가고 있습니다.

그 가운데 기도는 우리의 신앙을 지탱하는 핵심적인 힘이며, 하나님과의 관계를 깊이 있게 형성하는 중요한 통로이며, 하나님의 뜻을 발견하는 나침반입니다. 오늘의 제 삶도 하나님의 은혜와 기도의 응답이라고 믿습니다.

그러나 많은 성도가 어떻게 기도해야 하는지, 기도를 통해 무엇을 기대해야 하는지 혼란을 느끼며, 기도의 능력을 충분히 경험하지 못한 채 살아가고 있습니다. 이러한 때, 박선규 목사님의 『구약 속 기도 멘토들』과 『예수님의 '기도' 마스터 클래스』는 기도의 본질을 조명할 것이며, 성도들이 기도를 더욱 친숙하고 실제적인 삶의 일부로 받아들이도록 돕는 소중한 안내서가 될 것입니다.

이 두 책의 가장 큰 장점은 기도를 하나님과의 살아 있는 관계 안에서 실천되는 신앙의 본질로 회복시킨다는 점입니다. 기도가 어렵고 부

담스럽게 느껴질 수 있지만, 박선규 목사님은 이를 친근하고 이해하기 쉬운 언어로 풀어내어, 모든 세대의 성도들이 기도의 참된 의미를 깨닫고 실제 삶에서 자연스럽게 적용할 수 있도록 돕습니다. 특히, 이 책들은 기도를 부담이 아닌, 하나님과 친밀한 대화를 경험하도록 이끄는 귀한 길잡이가 되어 줄 것입니다. 기도에 대한 깊이 있는 통찰과 함께, 성경 속 기도의 멘토들과 예수님의 기도 생활을 조명함으로써, 우리가 어떤 마음으로, 어떤 태도로 하나님 앞에 나아가야 할지를 실제적으로 배울 수 있게 합니다.

박선규 목사님은 다양한 사역을 통해 깊이 있는 말씀 연구와 실천적인 기도의 삶을 보여주셨으며, 이 두 권의 책을 통해 성도들에게 더욱 실제적이고 영감 넘치는 메시지를 전하고 있습니다. 이 책을 읽는 모든 독자가 기도의 능력을 새롭게 경험하고, 믿음의 여정에서 더욱 깊이 하나님과 동행하는 기쁨을 누리게 되기를 기대합니다.

『구약 속 기도 멘토들』과 『예수님의 '기도' 마스터 클래스』가 많은 성도의 기도 생활을 변화시키는 귀한 도구로 사용되기를 소망합니다.

KAICAM 한국독립교회선교단체연합회 연합회장
송용필

"기도하는 삶을 회복시켜 줄 귀한 도구"

　박선규 목사님은 기도와 말씀을 중심으로 살아가는 참된 사역자입니다. 목사님과 함께 사역하며 제가 가장 감동한 점은, 기도에 대한 열정을 잃지 않으시며, 성도들에게 기도의 본질과 중요성을 전하려는 헌신적인 모습이었습니다.

　이번에 출간한 『구약 속 기도 멘토들』과 『예수님의 '기도' 마스터클래스』는 박선규 목사님의 이러한 기도와 말씀에 대한 깊은 이해와 헌신이 고스란히 담긴 귀한 책입니다. 구약과 신약을 아우르며, 기도의 본질과 실천을 조명하는 두 권의 책은 성도들이 기도를 새롭게 배우고, 더 깊은 기도의 자리로 나아가는 데 큰 도움이 될 것입니다.

　박 목사님은 교회 강단뿐만 아니라, 국제 선교 사역의 현장과 다양한 사회 경험 속에서 기도의 능력을 직접 체험하며 사역해 오신 분입니다. 특히, 사마리안퍼스 코리아에서의 사역을 통해 교회와 NGO, 그리고 선교 현장에서 기도가 얼마나 중요한지 절실히 깨닫고 이를 실제로 적용해 오셨습니다. 그렇기에 이 책들은 단순한 이론적 접근이 아니라 기도를 어떻게 삶에 적용하고 실천할 수 있는지에 대한 실제적인 통찰과 지침을 제공합니다.

기도는 하나님과 깊은 교제이며, 우리의 삶을 변화시키는 가장 강력한 도구입니다. 이 책을 읽는 모든 독자가 구약과 신약 속 믿음의 선배들로부터 기도의 능력을 배우고, 자신의 삶에서 실제로 적용하며 살아가기를 소망합니다.

저는 『구약 속 기도 멘토들』과 『예수님의 '기도' 마스터 클래스』가 많은 성도에게 기도의 새로운 영감을 불어넣고, 기도하는 삶을 회복하는 데 귀한 도구로 사용될 것이라 확신하며, 기쁜 마음으로 추천합니다.

은평성결교회 담임목사
유승대

"기도의 본질을 회복하게 하는 성경적 안내서"

기도는 신앙인의 삶을 지탱하는 영혼의 호흡입니다. 마치 공기가 인간의 생명줄이듯, 기도는 하나님과 연결된 삶의 본질이며 신앙의 숨결입니다. 그러나 역설적으로 많은 이들이 "기도가 어렵다"고 고백합니다. 하나님을 믿고 사랑하지만, 막상 기도 앞에 서면 마음은 멈추고 입술은 얼어붙습니다. 무엇을 어떻게 말해야 할지 몰라 주저하게 되는 것이 현실입니다.

바로 그런 이들에게 박선규 목사님의 『구약 속 기도 멘토들』과 『예수님의 '기도' 마스터 클래스』는 한 줄기 영적인 빛이 되어줍니다. 이 책은 기도의 방법을 가르치는 데 그치지 않고, 기도의 본질과 그 근원을 성경 속에서 다시 발견하도록 이끌어 줍니다. 성경 66권 전반에 걸쳐 기도의 흐름을 꿰뚫는 통찰은 놀랍도록 깊고 탁월합니다.

이 책은 창세기부터 말라기까지, 그리고 마태복음부터 요한계시록까지 성경 각 권의 흐름 속에서 하나님과 사람 사이에 오갔던 기도의 장면과 메시지를 정리하고, 그 기도가 오늘 우리의 신앙생활과 어떻게 연결되는지를 명확하게 보여줍니다.

성경 속 기도의 모범은 지금도 여전히 유효한 영적인 지침이자 권면으로 다가옵니다. 기도의 언어는 시대마다 달라도, 그 중심에는 한결같이 하나님을 향한 의존과 신뢰가 자리하고 있습니다. 무엇보다 이 책은 기도를 신앙인의 '의무'나 '무언가를 얻기 위한 수단'으로 제한하지 않습니다. 오히려 기도는 하나님과 친밀한 사귐 속에 머무는 자리이며, 그분의 뜻을 알아가고 내 삶을 그 뜻에 맞춰가는 '순종의 여정'임을 강조합니다. 말씀 위에 세워진 기도는 나의 필요를 채우기 이전에 하나님의 마음을 품게 하며, 기도는 내 생각과 태도를 바꾸고 삶의 방향을 새롭게 정립하게 합니다.

이 책이 더욱 특별하게 다가오는 이유는, 저자 박선규 목사님께서 교회 안팎에서 수년간 말씀과 기도, 다양한 사역을 통해 수많은 이들의 영적 회복을 이끌어 오신 분이기 때문입니다. 책장을 넘기다 보면, 마치 성경 속 기도자들과 함께 무릎을 꿇고 있는 듯한 은혜의 떨림이 독자의 마음을 깊이 울립니다.

기도가 막막한 이들에게, 기도의 본질을 다시 붙들고자 하는 이들에게, 그리고 기도를 통해 하나님의 뜻을 더 깊이 알고자 하는 모든 이들에게, 이 책은 귀한 안내서가 될 것입니다.

한국CBMC 중앙회장
최범철

추천의 글

"기도의 길을 따뜻하게 이끌어 주는 책"

    오늘날 우리가 살아가는 세상은 불확실성과 도전이 가득합니다. 그러나 그 가운데에서도 변하지 않는 하나님의 임재를 경험하는 가장 강력한 길은 기도입니다. 기도는 하나님과 나누는 사랑의 대화이며, 그분의 뜻이 내 삶에 이루어지는 능력의 시작점입니다.

    박선규 목사님의 두 권의 신간은 기도의 의미를 새롭게 비추며 우리를 기도의 삶으로 초대합니다. 아브라함의 진심 어린 중보 기도, 모세의 간절한 간구, 다윗의 아름다운 찬양 기도, 다니엘의 절대적인 신뢰가 담긴 기도까지, 성경 속 인물들이 하나님과 나눈 깊고도 생생한 대화를 펼쳐 보입니다. 이 책을 통해 독자들 역시 기도의 본질을 깨닫고, 그 길을 따라갈 수 있도록 따뜻하게 이끌어 줍니다.

    사마리안퍼스 코리아의 사역 또한 기도 없이는 아무것도 할 수 없음을 절실히 깨닫는 여정입니다. 전 세계의 고통받는 이들에게 하나님의 사랑을 전하고, 도움이 필요한 곳에 손길을 내미는 일은 인간의 힘과 노력만으로는 결코 감당할 수 없는 사명입니다. 우리의 손길보다 하나님의 손길이 먼저 움직이셔야 하며, 우리의 계획보다 하나님의 뜻이 먼저 이루어져야 합니다. 이 과정에서 가장 중요한 것이 바로 기도입니다.

 이 책은 기도가 선택이 아니라 필수임을, 기도가 마지막 수단이 아니라 모든 일의 첫걸음이 되어야 함을 다시 한번 깨닫게 합니다. 성경에 나타난 기도의 모범을 배우고 우리 삶에 구체적으로 적용하며, 지금도 기도를 통해 역사하시는 하나님을 생생하게 경험하도록 돕습니다.

 사마리안퍼스 코리아의 모든 사역자와 협력하는 모든 성도가 이 책을 통해 기도의 놀라운 능력을 새롭게 깨닫고, 하나님께서 준비하신 더 크고 놀라운 일들을 기대하며, 더욱 간절히 기도하는 삶을 살아가기를 소망합니다.

사마리안퍼스 코리아 대표
오 기 선

이 책에 대해

『예수님의 '기도' 마스터 클래스』
신약성경에서 배우는 기도의 원리와 실천

기도는 하나님과 나누는 친밀한 교제이자, 신앙을 성숙하게 하는 영적 훈련의 핵심입니다. 신약성경은 예수님의 기도뿐만 아니라, 초대 교회 성도들과 사도들의 기도 내용, 기도의 원리와 가르침을 풍성하게 담고 있습니다. 이 책은 신약성경(마태복음-요한계시록)의 기도와 관련된 핵심 내용을 정리하여, 개인의 묵상과 기도를 삶에 적용할 수 있도록 돕기 위해 쓰였습니다.

여러분은 예수님의 기도뿐만 아니라, 바울, 베드로, 요한 그리고 초대 교회의 기도 속에 담긴 깊은 가르침을 배우며, 기도의 본질을 깨닫고 실천하는 법을 익히게 될 것입니다. 또한, 기도를 통해 하나님의 뜻을 구하고 응답을 경험하는 삶으로 나아가게 될 것입니다.

기도의 기초를 배우고 싶은 분들, 더 깊이 있는 기도를 실천하고자 하는 성도들, 그리고 신약성경을 기반으로 한 체계적인 기도 훈련을 하기 원하는 이들에게 강력한 영적 도구가 될 것입니다.

책의 구성

1. 묵상 주제와 핵심 구절
각 장은 신약성경 한 권을 다루며, 해당 권에서 '기도'와 관련된 핵심 주제와 구절을 제시합니다.

2. 본문을 살피며
본문의 배경과 의미를 해석하며, 성경이 말하는 기도의 본질과 교훈을 전달합니다.

3. 말씀을 품으며
성경의 교훈을 토대로 독자들에게 필요한 실질적인 교훈과 적용 점을 제시합니다. 기도가 어떻게 삶을 변화시키는지 구체적으로 배웁니다.

4. 삶에 적용하며
하나님의 말씀을 일상에서 실천할 수 있는 구체적인 방법을 안내합니다.

5. 기도의 길잡이
각 묵상 주제에 맞는 4개의 기도문을 제공합니다. 이 기도문은 독자들이 다양한 상황에서 직접 기도를 드릴 수 있도록 돕습니다.

6. 믿음의 발걸음을 내디디며
각 장의 마무리 부분으로, 독자들에게 신앙적 도전과 격려의 메시지를 전달합니다.

독자들에게 전하는 메시지

이 책은
신약성경 속에서 드러난 기도의 본질과 능력을
깊이 묵상하고, 그 가르침을 삶 속에 실천하도록
인도하는 영적 훈련서입니다.
기도는 하나님과 동행하는 삶의 중심이며, 그분의 뜻이
이 땅 가운데 이루어지는 거룩한 통로입니다.

이 책을 통해
독자들은 신약성경에 나타난 기도의 원리와 실제를 배우고,
다양한 기도의 형태와 실천 방법을 익히며,
일상 속에서 하나님의 응답과 임재를 경험하는 여정에
초대될 것입니다.

기도의 자리에서 하나님의 뜻을 붙들고 살아가는
참된 기도자가 되시기를 소망합니다.

이 책의 활용법

이 책은 기도하는 삶으로 독자를 이끕니다.
말씀 앞에 마음을 열고,
기도 가운데 하나님의 임재를 누리며,
신앙의 일상이 새로워지는 은혜를 담았습니다.

본문을 따라
기도 인물들의 삶을 들여다보며
기도의 본질을 새롭게 깨닫고,
자신의 일상 속에서 기도를 실천할 수 있는
구체적인 길을 발견하게 될 것입니다.

다음은 이 책을 효과적으로 활용하는 방법입니다.

1. 매일의 묵상에 활용하십시오.

하루 한 권의 성경을 따라가며 주어진 묵상 주제와 핵심 구절을 읽고, 짧은 메시지를 통해 말씀의 의미를 깊이 새기십시오.
이 과정을 통해 하나님의 음성을 더욱 분명히 들을 수 있습니다.

2. 기도문을 낭독하며 기도의 자신감을 키워보십시오.

제공된 기도문을 따라 읽으며 실질적인 기도 훈련을 하십시오.
기도문은 다양한 상황에 맞는 문장과 표현들로 구성되어 있어,
기도를 더 구체적이고 풍성하게 만들어 줍니다.

3. 삶에 적용하며 말씀을 실천하십시오.

각 장에 있는 '삶에 적용하며'는 말씀을 실질적으로 적용할 수 있는 구체적인 방법을 제안합니다. 이를 통해 하나님 말씀의 능력을 삶 속에서 경험해 보십시오.

4. 개인 묵상과 소그룹 모임에서 활용하십시오.

본문과 메시지, 그리고 기도문은 개인 QT뿐만 아니라 소그룹 기도 모임에서도 유익하게 사용할 수 있습니다. 함께 묵상하고 기도하며 영적 성장의 시간을 나눌 수 있습니다.

목차

추천의 글

프롤로그 신약에서 배우는 기도의 삶 23

1부 기도가 서툰 나에게 _ 어디서부터 시작할까?

1. 마태복음: 하나님 나라를 위한 기도 (마6:9-13) 28
2. 마가복음: 믿음의 기도 (막11:24) 33
3. 누가복음: 끈질긴 기도의 힘 (눅18:1) 38
4. 요한복음: 연합을 위한 기도 (요17:20-21) 43

2부 내 기도, 정말 응답될까? _ 응답을 여는 기도의 첫 걸음

5. 사도행전: 성령 충만을 구하는 기도 (행2:1-4) 50
6. 로마서: 성령의 도우심을 받는 기도 (롬8:26) 55
7. 고린도전서: 공동체를 위한 기도 (고전1:4) 60
8. 고린도후서: 환난 중 위로를 구하는 기도 (고후1:3-4) 65

3부 흔들리는 삶 속에서 _ 기도가 나를 바꿀 수 있을까?

9. 갈라디아서: 성령의 열매를 맺는 기도 (갈5:22-23) 72
10. 에베소서: 영적 강건함을 위한 기도 (엡3:16-19) 77
11. 빌립보서: 감사와 평안을 구하는 기도 (빌4:6-7) 82
12. 골로새서: 하나님의 뜻을 아는 기도 (골1:9-10) 87

4부 기도는 해도 변하는 게 없어 _ 지치고 포기하고 싶은 순간에

13. 데살로니가전서: 항상 기뻐하며 기도하는 삶 (살전5:16-18) 94
14. 데살로니가후서: 믿음을 굳게 하는 기도 (살후3:3-5) 99
15. 디모데전서: 모든 사람을 위한 중보 기도 (딤전2:1) 104
16. 디모데후서: 끝까지 믿음을 지키는 기도 (딤후4:7) 109
17. 디도서: 선한 삶을 위한 기도 (딛3:8) 114
18. 빌레몬서: 용서를 위한 기도 (몬1:8-9) 119

5부 하나님, 정말 나를 듣고 계신가요? _답답한 순간, 신앙을 지키는 기도

19. 히브리서: 은혜의 보좌 앞에 나아가는 기도 (히4:16) 126

20. 야고보서: 믿음으로 드리는 간구의 기도 (약1:5-6) 131

21. 베드로전서: 근신하며 깨어 기도하는 삶 (벧전4:7) 136

22. 베드로후서: 영적 성장을 위한 기도 (벧후1:5-7) 141

6부 끝까지 기도할 수 있을까? _마지막까지 하나님과 동행하는 법

23. 요한일서: 담대함을 가지는 기도 (요일5:14-15) 148

24. 요한이서: 사랑과 순종 안에서 드리는 기도 (요이1:6) 153

25. 요한삼서: 영혼이 잘됨을 구하는 기도 (요삼1:2) 158

26. 유다서: 믿음을 지키는 기도 (유1:20-21) 163

27. 요한계시록: 마라나타! 주님의 오심을 사모하는 기도 (계22:20) 168

에필로그 기도로 살아가는 삶 173

프롤로그

신약에서 배우는 기도의 삶

많은 이들이 기도를 어렵게 느끼고, 어떻게 시작해야 할지 몰라 망설이지만, 기도는 하나님을 찾는 모든 이에게 열려 있는 은혜의 통로입니다. 예수님도 제자들에게 기도를 가르치셨고, 그 기도를 통해 하나님 아버지와 친밀하게 동행하는 길을 보여주셨습니다. 이 책은 예수님의 기도를 배우고 따라가며, 기도를 통해 하나님과 더욱 깊이 동행하는 삶으로 나아가도록 돕는 안내서입니다.

『구약 속 기도 멘토들』에서는 믿음의 선진들이 기도를 통해 하나님을 만나고, 그분의 뜻을 구하며 신앙의 여정을 걸어가는 모습을 보았습니다. 그들은 기도를 통해 하나님의 인도하심을 받고, 절망 속에서 소망을 발견하며, 하나님과 깊은 교제를 경험했습니다. 그리고 『예수님의 '기도' 마스터 클래스』에서는 예수님이 친히 기도의 본을 보이시고, 제자들에게 기도의 본질과 능력을 가르치시는 모습을 볼 수 있습니다. 또한, 사도들은 기도를 통해 성령의 충만함을 받고, 하나님께서 맡기신 사명을 감당하며 복음을 전파했습니다. 이처럼 구약은 믿음의 조상들이 기도를 통해 하나님과 동행했던 이야기를 담고 있다면, 신약은 예수님이 기도를 통해 하나님 나라를 이루어 가시는 모습을 기록하고 있습니다.

기도의 능력을 자신의 것으로 만드는 책

　이 책은 신약 27권에 나타난 기도의 원리와 실천을 정리하여, 우리의 기도가 더욱 강력해질 수 있도록 구성되었습니다. 특히, 다음과 같은 핵심적인 기도 원리를 배우게 될 것입니다. 예수님이 가르쳐 주신 주기도문의 깊은 의미, 바울이 끊임없이 실천했던 중보 기도의 힘, 베드로가 믿음으로 드린 기도가 어떻게 기적을 이루었는지, 요한계시록에서 성도의 기도가 하나님의 역사를 움직이는 모습… 이 모든 내용을 통해 현대 기독교인들의 영적 갈증을 해소하고, 기도의 능력을 자신의 삶 속에서 온전히 실천할 수 있도록 돕고자 합니다.

　현대의 성도들은 정보가 넘쳐나는 시대에 살고 있지만, 영적 성장에 대한 고민은 더욱 깊어지고 있습니다.

　　"어떻게 하면 기도를 더 깊이 할 수 있을까?"
　　"내 기도가 응답되지 않는 이유는 무엇일까?"
　　"기도가 막연하게 느껴질 때, 어떻게 해야 할까?"
　　"하나님과 친밀한 기도를 나누려면 어떤 태도를 취해야 할까?"
　　"하나님의 뜻과 내 바람이 다를 때, 어떻게 기도해야 할까?"

　이러한 고민을 해결하기 위해, 신약 속 기도의 원리를 배우고 실제 삶에서 적용하는 방법을 제시하는 것이 이 책의 목적입니다. 특히, 이 책은 초신자부터 오랜 신앙생활을 해온 성도들까지 누구나 쉽게 적용할 수 있도록 구성되었습니다.

기도의 삶을 살아가기 위해

　기도는 배워야 합니다. 기도는 연습해야 합니다. 그리고 기도는 삶 속에서 직접 경험해야 합니다. 이 책이 기도의 능력을 자신의 것으로 만들고 싶은 모든 분들에게 실질적인 기도의 길을 열어주는 지침서가 되기를 바랍니다.

　이제, 신약 속 기도의 여정을 함께 걸으며, 기도를 통해 하나님과 더욱 깊은 교제를 나누는 삶을 시작해 보십시오. 기도의 자리에서 하나님의 임재를 경험하고, 믿음이 자라며, 응답의 기쁨을 누리는 삶을 살게 될 것입니다. 기도가 변하면 우리의 신앙이 달라지고, 우리의 신앙이 변하면 우리의 삶이 새롭게 될 것입니다.

은평성결교회의 조용한 기도 자리에서
박 선 규 목사 드림

기도가 서툰 나에게

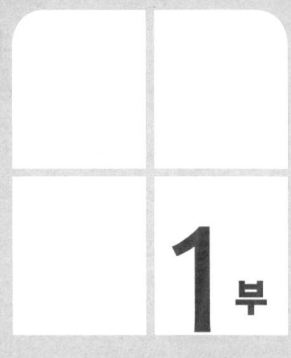

1부

→ 어디서부터 시작할까?

1. 마태복음 **하나님 나라를 위한 기도** (마6:9-13)

2. 마가복음 **믿음의 기도** (막11:24)

3. 누가복음 **끈질긴 기도의 힘** (눅18:1)

4. 요한복음 **연합을 위한 기도** (요17:20-21)

1

마태복음 (Matthew)

묵상 주제 하나님 나라를 위한 기도
핵심 구절 마태복음 6장 9-13절

"그러므로 너희는 이렇게 기도하라 하늘에 계신 우리 아버지여 이름이 거룩히 여김을 받으시오며 나라가 임하시오며 뜻이 하늘에서 이루어진 것 같이 땅에서도 이루어지이다…우리를 시험에 들게 하지 마시옵고 다만 악에서 구하시옵소서(나라와 권세와 영광이 아버지께 영원히 있사옵나이다 아멘)."

1. 본문을 살피며:

마태복음은 하나님 나라의 복음을 중심으로, 예수님께서 제자들에게 참된 제자의 삶을 가르치신 말씀입니다. 그중 마태복음 6장에서 예수님은 제자들에게 기도의 본질을 일깨워 주셨습니다. '주기도문'으로 알려진 이 기도는 신앙인의 삶을 이끄는 기도의 기준이 됩니다.

"나라가 임하시오며 뜻이 하늘에서 이루어진 것 같이 땅에서도 이루어지이다"라는 고백은 하나님의 통치가 우리의 삶과 세상 가운데 분명히 드러나기를 소망하는 믿음의 선언입니다.

하나님 나라를 위한 기도는 우리가 세상 가운데서 어떤 목적을 품고 살아가야 하는지를 여줍니다. 주님이 가르쳐주신 기도를 통해, 우리의 마음과 기도가 하나님 나라를 향해 더 깊이 열려가기를 묵상해 보겠습니다.

2. 말씀을 품으며: 하나님 나라를 위한 기도를 통해 배우는 세 가지 교훈

❶ 기도는 하나님의 이름과 나라를 먼저 구하는 것이다.

주기도문은 "하늘에 계신 우리 아버지여, 이름이 거룩히 여김을 받으시오며, 나라가 임하시오며…"로 시작합니다. 우리의 기도는 개인적인 필요를 위한 것이 아니라, 하나님의 영광과 그분의 뜻을 구하는 기도여야 합니다. 기도를 시작할 때, 하나님을 높이는 것이 중요합니다.

❷ 기도는 우리의 필요를 하나님께 맡기는 것이다.

"오늘 우리에게 일용할 양식을 주시옵고…." 예수님은 하루의 양식을 구하라고 가르치셨습니다. 이는 하나님을 절대적으로 신뢰함을 의미하며, 우리의 삶이 하나님의 공급하심 속에 있다는 것을 인정하는 것입니다.

❸ 기도는 용서와 승리를 위한 것이다.

"우리가 우리에게 죄지은 자를 사하여 준 것 같이 우리 죄를 사하여 주시옵고…." 기도는 하나님과 관계뿐만 아니라 사람들 간의 관계도 회복하는 시간입니다. 또한, "우리를 시험에 들게 하지 마시옵고, 다만 악에서 구하시옵소서"라는 기도를 통해 영적 전쟁의 승리를 구하는 기도가 필요함을 알 수 있습니다.

3. 삶에 적용하며:

우리의 기도는 개인적인 소망을 넘어, 하나님의 뜻과 나라를 구하는 믿음의 고백이 되어야 합니다. 예수님께서 가르쳐 주신 기도에서도 "하나님의 나라가 임하시고, 뜻이 이루어지기를" 먼저 구하라고 말씀하셨습니다. 내 뜻이 아닌 하나님의 뜻이 내 삶에 이루어지기를 간절히 기도해 보십시오. 또한, 하나님의 공급하심을 신뢰하며 염려를 내려놓고 하루를 살아가기로 결단해 보십시오. 시험과 악에서 보호받고, 용서의 은혜를 실천하는 삶을 살기로 다짐해 보십시오. 기도가 습관이 아니라, 하나님 나라를 이루어가는 실제적인 삶의 방식이 되기를 소망합니다.

4. 기도의 길잡이:

❶ 하나님을 높이는 기도

"하나님 아버지, 주님의 이름이 온 땅에서 영화롭게 되며, 주님의 나라가 저의 삶과 이 땅 가운데 온전히 임하게 하소서. 제 모든 생각과 행동이 주님을 높이며, 주님의 영광을 드러내는 삶이 되게 하소서."

❷ 하루의 필요를 맡기는 기도

"주님, 오늘 제 삶의 모든 필요를 주님께 맡깁니다. 주님의 신실한 공급하심을 신뢰하며, 어떤 상황에서도 감사함과 만족함으로 살아가게 하소서. 제 마음이 염려에 흔들리지 않고, 주님이 예비하신 선한 길을 믿음으로 걸어가게 하소서."

❸ 용서를 실천하는 기도

"주님, 제가 하나님께 용서받은 것처럼, 저도 기꺼이 다른 사람을 용서하는 마음을 품게 하소서. 원망과 미움을 내려놓고, 주님의 사랑 안에서 자유하게 하시며, 시험과 악으로부터 저를 지켜 주소서."

5. 믿음의 발걸음을 내디디며:

기도는 우리의 필요를 구하는 시간이 아닌 하나님과 함께하는 거룩한 여정입니다. 예수님이 친히 가르쳐 주신 주기도문은 우리의 기도가 하나님과 깊은 교제로 이어지고, 삶에서 그분의 뜻을 이루도록 이끄는 귀한 가르침입니다.

주기도문의 한 구절 한 구절을 천천히 묵상하며 기도하십시오. 하나님의 뜻과 나라를 구하는 기도가 우리의 마음을 변화시키고, 삶을 새롭게 하는 은혜의 통로가 될 것입니다.

기도를 통해 하나님과 더욱 친밀히 동행하며, 그분의 뜻을 삶 속에서 이루어 가기를 소망합니다. 하나님께서 우리의 기도를 들으시고, 그 기도를 통해 놀라운 변화를 이루실 것입니다.

> *"기도는 우리의 뜻을 하나님께 맞추는 것이지*
> *하나님의 뜻을 우리에게 맞추는 것이 아니다."*

:• 오늘의 기도 미션

하나님께서 내 마음에 주신 기도 제목을 한 가지 적어보세요.

:• 오늘 내 기도의 중심 구절

오늘 묵상한 말씀 중, 기도하며 붙잡고 싶은 한 구절을 적어보세요.

:• 나의 기도와 응답 기록

오늘 하루 동안 기도하며 경험한 것들을 기록해 보세요.

2 마가복음 (Mark)

묵상 주제 **믿음의 기도**
핵심 구절 마가복음 11장 24절
"그러므로 내가 너희에게 말하노니 무엇이든지 기도하고 구하는 것은 받은 줄로 믿으라. 그리하면 너희에게 그대로 되리라."

1. 본문을 살피며:

마가복음 11장에서 예수님은 무화과나무가 말라버리는 기적을 통해 제자들에게 기도의 원리를 가르치십니다. 예수님과 제자들은 예루살렘으로 가는 길에 잎만 무성한 무화과나무를 발견합니다. 그러나 그 나무에는 열매가 없었습니다. 예수님이 그 나무를 저주하시자, 제자들은 다음 날 아침에 그 무화과나무가 뿌리째 말라버린 것을 목격합니다. 이때 예수님은 그들에게 기도와 믿음의 관계에 대해 이렇게 말씀하십니다.

"하나님을 믿으라. 내가 진실로 너희에게 이르노니 누구든지 이 산더러 들려 바다에 던져지라 하며, 그 말하는 것이 이루어질 줄 믿고 마음에 의심하지 아니하면 그대로 되리라."

예수님은 기도할 때 의심하지 않고 믿음으로 구하는 태도가 중요하다고 강조하셨습니다. 하나님께서 우리의 기도를 들으시고 응답하신다는 확신이 없으면, 기도는 마음을 담지 못한 반복적인 습관으로 흐르기 쉽습니다. 그렇다면 우리는 어떻게 해야 믿음으로 기도할 수 있을까요? 오늘 말씀을 통해, 믿음의 기도가 무엇이며 어떻게 드려야 하는지를 함께 배워 보겠습니다.

2. 말씀을 품으며: 믿음의 기도를 통해 배우는 세 가지 교훈

❶ 기도는 하나님을 향한 신뢰에서 시작된다.

예수님은 "하나님을 믿으라"(마가복음 11:22)고 말씀하셨습니다. 기도는 하나님의 선하심과 능력을 신뢰하는 행위입니다. 우리가 하나님을 신뢰하면, 기도할 때 하나님께서 이루실 것을 믿고 확신할 수 있습니다.

❷ 기도는 의심 없이 구하는 것이다.

예수님은 기도할 때 의심하지 말고 믿어야 한다(마가복음 11:23)고 말씀하셨습니다. 의심은 기도의 응답을 막는 장애물입니다. "정말 하나님께서 응답하실까?"라는 의심보다, "하나님께서 가장 좋은 방법으로 응답하신다"는 믿음으로 나아가야 합니다.

❸ 기도는 행동으로 이어져야 한다.

믿음의 기도는 수동적인 것이 아니라 적극적인 행동을 포함합니다. 우리가 기도했다면, 하나님께서 일하실 것을 믿고 기대하며 행동하는 믿음이 필요합니다. 예수님은 단순히 "기도하라"고 말씀하지 않으시고, "말하는 것이 이루어질 줄 믿고, 의심하지 말라"고 하셨습니다.

3. 삶에 적용하며:

기도는 하나님을 신뢰하는 믿음의 표현입니다. 우리가 믿음으로 기도할 때, 하나님께서 그 기도를 기뻐하시고 응답하십니다. 기도할 때 의심 없이 하나님의 응답을 기대하며 기도해 보십시오. 그리고 기도한 후에는 하나님께서 일하실 것을 신뢰하며 믿음으로 행동해 보십시오. 기도가 우리의 삶을 변화시키는 능력이 되도록 실천하는 하루를 보내시기 바랍니다.

4. 기도의 길잡이:

❶ 하나님을 신뢰하는 기도

"주님, 제 기도를 들으시는 신실하신 하나님을 믿습니다. 제 믿음이 흔들리지 않도록 붙들어 주시고, 어떤 상황에서도 주님의 선하심과 인도하심을 신뢰하게 하소서."

❷ 의심을 버리고 확신을 가지는 기도

"하나님, 기도할 때 의심하지 않고 주님의 응답을 기대하게 하소서. 제 마음속에 불안과 걱정을 제거하시고, 온전히 주님을 바라보게 하소서."

❸ 기도 후 믿음으로 행동하는 기도

"하나님, 저는 오늘 믿음과 확신으로 기도했습니다. 이제 그 믿음을 따라 행동하겠습니다. 주님의 인도하심을 신뢰하며, 순종함으로 주님의 뜻을 이루는 삶을 살게 하소서."

5. 믿음의 발걸음을 내디디며:

기도는 하나님께 대한 확신과 기대를 품는 믿음의 행위입니다. 참된 기도는 형식적인 습관에 머물지 않고, 하나님의 신실하심을 신뢰하며 행동하는 결단으로 이어져야 합니다. 우리가 기도할 때, 하나님께서 역사하실 것을 믿고 담대히 나아갈 때, 우리의 삶은 더욱 풍성한 은혜 가운데 거하게 됩니다.

기도한 후 믿음으로 행동하는 시간을 보내십시오. 하나님께서 이루실 것을 신뢰하며, 그분의 응답을 기대하는 기도의 삶을 실천해 보십시오.

"하나님께서 이루실 것을 믿고, 주님의 응답을 기대합니다!"

이 믿음의 고백을 오늘 직접 삶에서 적용하며, 기도를 통해 하나님의 능력을 경험하는 하루가 되기를 바랍니다.

> "기도는 하나님께서 약속하신 것을 믿고
> 그것을 받을 준비를 하는 것이다."

오늘의 기도 미션
하나님께서 내 마음에 주신 기도 제목을 한 가지 적어보세요.

오늘 내 기도의 중심 구절
오늘 묵상한 말씀 중, 기도하며 붙잡고 싶은 한 구절을 적어보세요.

나의 기도와 응답 기록
오늘 하루 동안 기도하며 경험한 것들을 기록해 보세요.

3 누가복음 (Luke)

묵상 주제 **끈질긴 기도의 힘**

핵심 구절 : 누가복음 18장 1-5절

"예수께서 그들에게 항상 기도하고 낙심하지 말아야 할 것을 비유로 말씀하여… 이 과부가 나를 번거롭게 하니 내가 그 원한을 풀어 주리라 그렇지 않으면 늘 와서 나를 괴롭게 하리라 하였느니라."

---

1. 본문을 살피며:

누가복음 18장에서 예수님은 과부와 불의한 재판관의 비유를 통해 끈질긴 기도의 중요성을 가르치십니다. 이 비유에서 한 과부가 자신의 억울함을 풀어 달라고 불의한 재판관을 끊임없이 찾아갑니다. 처음에는 이 재판관이 관심을 보이지 않지만, 결국 과부의 끈질긴 요청에 지쳐 그녀의 요구를 들어줍니다. 예수님은 이 비유를 통해 제자들에게 "항상 기도하고 낙심하지 말아야 한다"고 강조하십니다.

"하물며 하나님께서 그 밤낮 부르짖는 택하신 자들의 원한을 풀어주지 아니하시겠느냐?"(누가복음 18장 7절)

즉, '불의한 재판관도 끈질긴 요청을 들어주는데, 하물며 선하시고 신실하신 하나님께서 얼마나 더 우리의 기도를 들어 주시겠는가?'라는 교훈을 주십니다. 오늘 우리는 이 말씀을 통해, 끈질긴 기도가 가져오는 영적 변화와 하나님의 응답을 경험하는 법을 배워 보겠습니다.

2. 말씀을 품으며: 끈질긴 기도를 통해 배우는 세 가지 교훈

❶ 기도는 끈질기게 지속해야 한다.
예수님은 "항상 기도하고 낙심하지 말아야 한다"고 가르치셨습니다. 우리가 기도할 때 즉각적인 응답이 없더라도, 끈질기게 기도할 때 하나님께서 반드시 응답하십니다.

❷ 기도는 하나님을 신뢰하는 표현이다.
과부가 재판관을 찾아갔던 것처럼, 우리는 기도를 통해 하나님께 우리의 문제를 맡겨야 합니다. 기도는 하나님의 때와 방법을 신뢰하는 믿음의 표현입니다.

❸ 하나님께서 기도를 들으시고 가장 좋은 때에 응답하신다.
불의한 재판관도 끈질긴 요청에 반응했습니다. 하물며 선하신 하나님께서는 우리의 기도를 더욱 귀 기울여 들으십니다. 하나님께서 우리의 기도를 결코 외면하지 않으시며, 가장 좋은 때에, 가장 좋은 방법으로 응답하십니다.

3. 삶에 적용하며:

기도는 하나님을 신뢰하며 끝까지 나아가는 과정입니다. 응답이 늦어진다고 해서 기도를 포기하지 마십시오. 믿음으로 꾸준히 기도할 때, 하나님의 뜻과 계획이 당신을 통해 이루어집니다. 어떤 기도 제목이든 하나님 앞에 꾸준히 기도하며 주님의 때를 기다려 보십시오. 응답이 더딜지라도, 하나님이 가장 선한 방법과 시기로 역사하고 계심을 신뢰하는 믿음을 가지십시오. 끈질긴 기도를 통해 하나님과 더욱 가까워지는 하루가 되기를 소망합니다.

4. 기도의 길잡이:

❶ 낙심하지 않는 기도

"주님, 때로는 기도가 지쳐 포기하고 싶을 때가 있습니다. 그러나 주님의 신실하심을 기억하며 끝까지 인내하며 기도하게 하소서. 주님의 때와 방법을 신뢰하며, 낙심하지 않고 끈질기게 주님을 바라보게 하소서."

❷ 하나님을 신뢰하는 기도

"하나님, 제 기도를 들으시고 가장 선한 길로 인도하실 것을 믿습니다. 어떤 상황에서도 흔들리지 않고 주님을 신뢰하며, 끝까지 믿음으로 기도하게 하소서."

❸ 응답을 기대하는 기도

"주님, 제 기도에 신실하게 응답하실 것을 기대합니다. 하나님의 뜻이 온전히 이루어질 것을 믿으며, 응답의 방식과 시기를 맡기고 담대하게 기도하게 하소서."

5. 믿음의 발걸음을 내디디며:

기도는 때로 즉각적인 응답으로 돌아오지만, 어떤 때는 하나님의 때를 인내하며 기다려야 합니다. 그러나 그 기다림 속에서 우리의 믿음이 더욱 단련되고, 하나님의 뜻을 신뢰하는 법을 배웁니다. 끈질긴 기도는 하나님과의 관계를 더욱 깊게 만들며, 그분의 놀라운 응답을 체험하는 길이 됩니다. 포기하고 싶었던 기도 제목을 다시 붙잡고 하나님께 간절히 올려드리십시오. 응답이 더딘 것처럼 보일지라도, 하나님께서는 신실한 분이시며, 가장 선한 때에 가장 완전한 방법으로 이루실 것입니다.

"주님, 저는 끝까지 기도하겠습니다. 하나님의 신실하심을 믿으며, 응답을 기대합니다!"

이 고백을 마음에 새기며, 끈질긴 기도를 통해 하나님의 역사하심을 경험하는 하루가 되기를 바랍니다.

"하나님께서는 기도 없이는 아무 일도 행하지 않으신다."
존 웨슬리 *(John Wesley)*

∴ 오늘의 기도 미션

하나님께서 내 마음에 주신 기도 제목을 한 가지 적어보세요.

∴ 오늘 내 기도의 중심 구절

오늘 묵상한 말씀 중, 기도하며 붙잡고 싶은 한 구절을 적어보세요.

∴ 나의 기도와 응답 기록

오늘 하루 동안 기도하며 경험한 것들을 기록해 보세요.

4 요한복음 (John)

묵상 주제 **연합을 위한 기도**
핵심 구절 요한복음 17장 20-21절

"내가 비옵는 것은 이 사람들만 위함이 아니요 또 그들의 말로 말미암아 나를 믿는 사람들도 위함이니 아버지여, 아버지께서 내 안에, 내가 아버지 안에 있는 것 같이 그들도 다 하나가 되어 우리 안에 있게 하사 세상으로 아버지께서 나를 보내신 것을 믿게 하소서."

1. 본문을 살피며:

요한복음 17장은 예수님이 십자가를 지시기 직전에 드리신 '대제사장적 기도'로 유명합니다. 이 기도는 예수님의 마음 깊은 곳에서 나온 가장 강력하고도 감동적인 기도입니다.

예수님은 이 기도를 통해,
첫째, 자신을 위한 기도(17:1-5)
둘째, 제자들을 위한 기도(17:6-19)
셋째, 모든 믿는 자들을 위한 기도(17:20-26)를 드리셨습니다.

특히 20-21절에서 '연합'을 위해 간구하셨습니다. 예수님은 하나님과 예수님이 하나이듯, 제자들과 믿는 자들도 하나가 되기를 원하셨습니다. 이 기도는 오늘날 우리에게 큰 도전이 됩니다. 교회와 성도들이 하나 되는 것이 얼마나 중요한지, 그리고 우리가 어떻게 연합을 위해 기도해야 하는지를 배울 수 있습니다.

2. 말씀을 품으며: 연합을 위한 기도를 통해 배우는 세 가지 교훈

❶ 연합은 하나님 나라의 증거이다.

예수님은 우리가 하나 될 때 세상이 하나님을 알게 된다고 하셨습니다. 교회의 연합은 복음을 증거하는 강력한 도구입니다. 성도 간의 사랑과 연합이 하나님 나라의 증거가 됨을 기억해야 합니다.

❷ 연합은 기도를 통해 이루어진다.

예수님은 제자들과 모든 성도가 하나 되도록 기도하셨습니다. 진정한 연합은 우리의 노력만으로 되는 것이 아니라, 기도를 통해 하나님께서 이루시는 것입니다. 우리는 연합을 위해 기도해야 합니다.

❸ 연합은 용서와 겸손을 요구한다.

연합은 서로의 차이를 포용할 때 가능합니다. 우리는 용서하는 마음과, 겸손함으로 상대방을 대해야 합니다. 연합을 위한 기도는 우리의 마음을 낮추고, 예수님처럼 사랑하는 기도로 이어져야 합니다.

3. 삶에 적용하며:

예수님은 교회의 연합을 위해 기도하셨고, 우리가 하나 되기를 간절히 원하셨습니다. 그러나 실제 우리의 삶 속에서 갈등과 오해, 분열이 자주 발생합니다. 진정한 연합은 기도로 시작되며, 작은 실천에서 이루어집니다. 내가 속한 교회와 공동체가 사랑과 용서로 하나 될 수 있도록 노력해 보십시오. 가족과 직장, 교회 안에서 서로 이해하고 배려하며, 화해의 다리를 놓는 사람이 되어 보십시오. 혹시 내 마음속에 여전히 해결되지 않은 관계가 있다면, 그 관계를 하나님께 맡기고 용서의 길을 선택해 보십시오. 연합을 위한 기도는 단순한 말이 아니라, 우리의 삶 속에서 실천될 때 진정한 열매를 맺습니다. 오늘, 예수님의 기도를 기억하며 화해와 연합을 이루는 하루를 살아가십시오.

4. 기도의 길잡이:

❶ 교회의 연합을 위한 기도

"하나님, 우리 교회가 서로 사랑하며 하나 되게 하시고, 그리스도의 몸으로서 연합하여 세상의 빛과 소금이 되게 하소서. 분열이 아닌 화합으로, 다툼이 아닌 사랑으로 주님의 영광을 드러내는 공동체가 되게 하소서."

❷ 가정과 공동체의 화합을 위한 기도

"주님, 우리 가족과 공동체 안에 갈등이 아닌 주님의 사랑과 평안이 넘치게 하소서. 서로를 존중하고 배려하며, 하나 됨의 은혜를 경험하는 삶을 살게 하소서."

❸ 용서와 화해를 위한 기도

"하나님, 주님께서 저를 용서하신 것처럼 저도 다른 사람을 온전히 용서하게 하시고, 상처와 오해가 있는 관계 속에서도 화해할 수 있는 은혜를 허락하여 주소서. 주님의 사랑으로 관계를 회복하고, 평안을 이루는 도구가 되게 하소서."

5. 믿음의 발걸음을 내디디며:

연합은 기도와 결단을 통해 끊임없이 지켜가야 할 소중한 은혜입니다. 기도와 결단을 통해 끊임없이 지켜가야 할 소중한 은혜입니다. 예수님이 제자들을 위해 하나 됨을 간절히 기도하셨듯이, 우리도 하나님 앞에 나아가 연합을 위해 기도해야 합니다.

용서와 화해가 필요한 관계를 위해 간절히 기도하십시오. 교회와 공동체가 사랑 안에서 하나 되어 주님의 뜻을 이루도록 간구하며, 연합을 실천하는 삶을 살아가십시오.

하나님께서는 화목하게 하는 자를 기뻐하시며, 연합을 이루는 기도를 통해 우리를 더욱 깊은 사랑으로 이끄시는 분이십니다. 오늘도 기도를 통해 주님의 마음을 품고, 하나 됨을 이루어 가는 복된 하루가 되기를 바랍니다.

"기도는 그리스도 안에서 하나된 교회를 형성하는 힘이다."

❖ 오늘의 기도 미션

하나님께서 내 마음에 주신 기도 제목을 한 가지 적어보세요.

❖ 오늘 내 기도의 중심 구절

오늘 묵상한 말씀 중, 기도하며 붙잡고 싶은 한 구절을 적어보세요.

❖ 나의 기도와 응답 기록

오늘 하루 동안 기도하며 경험한 것들을 기록해 보세요.

내 기도, 정말 응답될까?

2부

응답을 여는 기도의 첫 걸음

5. 사도행전 **성령 충만을 구하는 기도** (행2:1-4)

6. 로마서 **성령의 도우심을 받는 기도** (롬8:26)

7. 고린도전서 **공동체를 위한 기도** (고전1:4)

8. 고린도후서 **환난 중 위로를 구하는 기도** (고후1:3-4)

5. 사도행전 (Acts)

묵상 주제 **성령 충만을 구하는 기도**
핵심 구절 행전 2장 1-4절

"오순절 날이 이미 이르매 그들이 다같이 한 곳에 모였더니 홀연히 하늘로부터 급하고 강한 바람 같은 소리가 있어 그들이 앉은 온 집에 가득하며 마치 불의 혀처럼 갈라지는 것들이 그들에게 보여 각 사람 위에 하나씩 임하여 있더니 그들이 다 성령의 충만함을 받고 성령이 말하게 하심을 따라 다른 언어들로 말하기를 시작하니라."

1. 본문을 살피며:

사도행전 2장은 성령 강림의 놀라운 사건을 기록하고 있습니다. 부활하신 예수님의 말씀을 따라, 제자들은 마가의 다락방에 모여 간절히 기도하며 성령의 임재를 기다렸습니다.

그들이 한마음으로 뜨겁게 기도할 때, 하늘로부터 강한 바람 소리가 들려오고, 각 사람 위에 불꽃처럼 타오르는 혀 같은 것이 나타나는 기적이 일어났습니다. 성령 충만함을 받은 제자들은 곧바로 여러 언어로 말하기 시작하며 하나님의 능력이 그들 가운데 역사하였음을 증거했습니다. 이는 신약에서 나타난 가장 강력한 기도의 응답 중 하나였습니다.

제자들은 단순히 기다린 것이 아니라, 성령을 사모하며 간절히 기도했기에 그 능력을 경험할 수 있었습니다. 이 장면은 오늘날 우리에게도 중요한 교훈을 줍니다. 성령 충만한 삶은 기도를 통해 이루어지며, 하나님께 더욱 깊이 나아갈 때 우리도 성령의 능력을 체험할 수 있습니다.

2. 말씀을 품으며: 성령 충만을 구하는 기도를 통해 배우는 세 가지 교훈

❶ 성령 충만은 기도를 통해 임한다.

제자들은 마가의 다락방에서 한마음으로 간절히 기도했습니다. 성령의 역사는 기도하는 곳에 임합니다. 우리가 성령 충만을 원한다면, 먼저 기도의 자리를 지켜야 합니다.

❷ 성령은 우리를 변화시키신다.

성령을 받은 제자들은 더 이상 두려워하지 않고 담대하게 복음을 전하는 사람들로 변화되었습니다. 성령 충만한 기도는 우리 삶을 변화시키고, 믿음의 능력을 경험하게 합니다.

❸ 성령 충만한 기도는 세상을 변화시킨다.

성령이 임하신 후, 제자들은 담대하게 나아가 복음을 전했고, 그날에 3천 명이 넘는 사람들이 회심하는 놀라운 역사가 일어났습니다. 기도는 하나님의 능력이 세상 가운데 나타나는 통로입니다. 성령으로 드리는 기도는 오늘도 하나님의 뜻을 이루고, 이 땅을 변화시키는 도구가 됩니다.

3. 삶에 적용하며:

초대 교회의 성도들은 기도를 통해 성령님의 인도하심을 경험했습니다. 그들의 기도는 하나님의 뜻을 따르기 위한 간절한 간구였습니다. 오늘, 나의 기도 속에서도 성령님의 인도하심을 구해 보십시오. 기도를 통해 성령님의 지혜와 힘을 경험하고, 담대하게 하나님의 뜻을 따르는 삶을 살아가시길 바랍니다.

4. 기도의 길잡이:

❶ 성령의 임재를 사모하는 기도

"주님, 오늘도 제 삶 가운데 성령님이 강하게 역사하시기를 간절히 원합니다. 제 마음을 활짝 열어 성령님의 음성에 귀 기울이며, 그 인도하심을 온전히 따르게 하소서."

❷ 성령의 능력을 구하는 기도

"하나님, 성령의 능력으로 날마다 담대하게 살아가게 하시고, 주님의 복음을 전하는 삶을 두려움 없이 감당하게 하소서. 성령께서 주시는 지혜와 능력으로 맡겨진 사명을 온전히 이루게 하소서."

❸ 성령 충만한 삶을 결단하는 기도

"주님, 제 삶을 온전히 성령께 내어 맡기오니 성령 충만함으로 주의 뜻을 이루는 도구 되게 하소서. 매 순간 성령과 동행하며 삶의 모든 자리에서 주님께 영광 돌리게 하소서. 제 안에 역사하시는 성령으로 하나님의 나라를 이루게 하소서."

5. 믿음의 발걸음을 내디디며:

성령 충만은 기도하는 자에게 임하며, 기도를 통해 우리의 삶을 새롭게 변화시킵니다. 우리가 간절히 하나님을 구할 때, 성령님이 역사하시며 우리의 마음을 새롭게 하시고, 우리를 통해 세상을 변화시키는 능력을 부어 주십니다.

성령님의 인도하심을 구하며 기도하십시오. 순간마다 성령의 음성에 귀 기울이며, 그분의 뜻에 순종하는 삶을 살아가십시오.

성령 충만한 삶은 하루아침에 이루어지는 것이 아니라, 꾸준한 기도를 통해 깊어지는 은혜입니다. 오늘도 기도의 자리를 지키며, 성령님과 동행하는 삶을 실천하는 하루가 되기를 바랍니다.

"기도 없이 성령 충만을 기대하는 것은 불가능하다.
기도하는 만큼 성령님이 역사하신다."

∴ 오늘의 기도 미션

하나님께서 내 마음에 주신 기도 제목을 한 가지 적어보세요.

∴ 오늘 내 기도의 중심 구절

오늘 묵상한 말씀 중, 기도하며 붙잡고 싶은 한 구절을 적어보세요.

∴ 나의 기도와 응답 기록

오늘 하루 동안 기도하며 경험한 것들을 기록해 보세요.

6 로마서 (Romans)

묵상 주제 **성령의 도우심을 받는 기도**
핵심 구절 로마서 8장 26절
"이와 같이 성령도 우리의 연약함을 도우시나니 우리는 마땅히 기도할 바를 알지 못하나 오직 성령이 말할 수 없는 탄식으로 우리를 위하여 친히 간구하시느니라."

1. 본문을 살피며:

로마서 8장은 성령님의 역할을 강조하는 매우 중요한 말씀입니다. 바울은 이 장에서 성령께서 우리의 연약함을 도우시며, 우리가 어떻게 기도해야 할지 알지 못할 때조차 친히 간구하신다고 가르칩니다. 우리는 기도하면서 종종 이런 고민을 합니다.

'어떻게 기도해야 할지 모르겠어.'
'하나님께서 내 기도를 듣고 계실까?'
'기도해도 아무 변화가 없는 것 같아.'

그러나 바울은, 기도가 성령님의 도우심으로 이루어진다는 사실을 강조합니다. 성령님이 우리를 위해 간구하시기 때문에, 우리는 연약한 순간에도 기도를 멈추지 않을 수 있습니다. 말로 다 표현하기 어려울 때에도 성령님은 우리의 깊은 마음을 아시고, 그 탄식을 하나님께 전달하십니다. 이 말씀을 통해 우리는, 기도의 자리에서 성령님이 어떻게 역사하시는지를 배우고, 그분의 도우심을 신뢰하며 살아가야 할 기도의 삶을 다시 세우게 됩니다.

2. 말씀을 품으며: 성령님의 도우심을 받는 기도를 통해 배우는 세 가지 교훈

❶ **우리는 연약하지만, 성령님은 우리의 기도를 도우신다.**
우리는 때때로 기도할 힘조차 없을 때가 있습니다. 그러나 성령님은 우리의 연약함을 아시고, 우리 대신 하나님께 간구하십니다.

❷ **성령님은 우리의 마음을 아시고, 하나님의 뜻대로 기도하신다.**
우리는 우리의 필요를 알지만, 하나님의 뜻을 완벽하게 이해하지 못할 때가 많습니다. 그러나 성령님은 하나님의 뜻에 맞는 기도를 하시며, 우리의 기도를 가장 선하게 인도하십니다.

❸ **기도는 우리의 힘이 아니라, 성령의 능력으로 이루어진다.**
우리는 스스로 기도를 잘해야 한다는 부담을 느낄 때가 있습니다. 하지만 기도의 능력은 우리에게 있는 것이 아니라, 성령님에게 있습니다. 성령님의 인도하심을 구하며 기도할 때, 우리는 기도의 능력을 경험하게 됩니다.

3. 삶에 적용하며:

신앙생활에서 기도는 믿음을 지키는 가장 중요한 영적 기둥입니다. 바울은 로마서에서 기도를 통해 성령님의 도우심을 받으며, 믿음을 더욱 견고하게 세울 수 있음을 강조했습니다. 기도를 통해 믿음을 더욱 굳건히 하기로 결단하십시오. 어떤 상황에서도 하나님의 사랑과 은혜를 신뢰하며, 흔들리지 않는 믿음으로 하나님께 나아가십시오. 기도는 우리의 믿음을 강하게 세우고 영적으로 성장하게 하는 강력한 도구입니다.

4. 기도의 길잡이:

❶ 성령님의 인도하심을 구하는 기도

"주님, 때로는 어떻게 기도해야 할지 알지 못할 때가 있습니다. 그때마다 성령님이 저를 인도해 주시고, 저의 기도를 친히 도와 주소서. 성령님의 도우심으로 하나님께 더욱 가까이 나아가게 하소서."

❷ 하나님의 뜻을 구하는 기도

"성령님, 늘 저의 생각과 감정에 치우치지 않고 하나님의 뜻을 분별하게 하시며, 그 뜻에 합당한 기도를 드릴 수 있도록 인도하여 주소서. 하나님의 계획 안에서 순종하며 기도하는 삶이 되게 하소서."

❸ 연약한 나를 위해 기도하는 기도

"하나님, 저는 연약하지만, 성령님이 제 연약함을 아시고 친히 중보하신다는 것을 믿습니다. 제 기도를 받아 주시고, 하나님의 뜻이 제 삶 속에 온전히 이루어지게 하소서."

5. 믿음의 발걸음을 내디디며:

기도는 우리의 힘만으로 이루어지는 것이 아닙니다. 우리가 하나님 앞에 나아갈 때, 성령님이 함께하시며 우리의 기도를 도우십니다. 때로는 기도가 막히고, 힘들며, 응답되지 않는 것처럼 느껴질 때도 있습니다. 그러나 그럴수록 기도를 멈추지 마십시오.

성령님이 우리의 연약함을 붙드시고, 우리가 말로 다 표현할 수 없는 기도까지도 말할 수 없는 탄식으로 하나님께 올려드리고 계십니다. 성령님의 도우심을 간절히 구하며 기도해 보십시오. 기도하는 순간마다 성령님의 임재를 기대하며 담대히 나아가십시오.

기도는 결코 혼자 드리는 것이 아닙니다. 성령님이 우리와 함께하시며, 우리의 기도를 통해 하나님의 뜻을 이루어 가십니다. 지금 이 순간, 성령님과 동행하는 깊은 기도의 삶을 시작해 보십시오.

"가장 능력 있는 기도는 우리가 아무 말도 할 수 없을 때 성령께서 우리를 대신하여 드리는 기도이다."

오늘의 기도 미션

하나님께서 내 마음에 주신 기도 제목을 한 가지 적어보세요.

오늘 내 기도의 중심 구절

오늘 묵상한 말씀 중, 기도하며 붙잡고 싶은 한 구절을 적어보세요.

나의 기도와 응답 기록

오늘 하루 동안 기도하며 경험한 것들을 기록해 보세요.

7 고린도전서 (1 Corinthians)

묵상 주제 **공동체를 위한 기도**
핵심 구절 고린도전서 1장 4절
"그리스도 예수 안에서 너희에게 주신 하나님의 은혜로 말미암아 내가 너희를 위하여 항상 하나님께 감사하노니."

1. 본문을 살피며:

고린도교회는 하나님의 은혜로 세워졌지만, 내부적으로 분열과 갈등을 겪던 공동체였습니다. 바울은 이 교회를 위해 끊임없이 기도하며, 성도들이 하나님께서 주신 은혜를 기억하고 그 안에서 하나를 이루도록 권면했습니다. 그는 고린도전서에서 공동체의 연합과 사랑을 위한 기도가 얼마나 중요한지를 강조합니다.

공동체는 하나님의 은혜 위에 세워지며, 기도를 통해 더욱 건강하게 성장할 수 있습니다. 우리 또한 하나님께서 허락하신 신앙 공동체를 위해 기도하며, 사랑과 연합을 이루는 삶을 실천해야 합니다. 오늘 우리는 이 말씀을 통해, 공동체를 위한 기도가 우리의 신앙과 삶에 어떤 변화를 가져오는지 묵상해 보겠습니다.

2. 말씀을 품으며: 공동체를 위한 기도를 통해 배우는 다섯 가지 교훈

❶ 공동체는 하나님의 은혜로 시작됩니다.

바울은 고린도교회가 하나님의 은혜로 시작되었음을 강조하며, 그 은혜를 기억해야 한다고 말했습니다. 우리가 속한 교회와 공동체도 하나님의 은혜로 성장하며, 그 은혜를 붙들고 살아야 합니다.

❷ 기도는 공동체를 하나 되게 합니다.

다양한 배경과 성격을 가진 사람들이 모인 공동체 안에서 갈등은 피할 수 없습니다. 하지만 기도는 공동체를 하나 되게 하는 영적인 끈이며, 서로를 이해하고 사랑할 수 있도록 돕습니다.

❸ 서로를 위한 기도는 공동체를 더욱 건강하게 만듭니다.

바울은 고린도교회를 위해 항상 기도하며 감사했습니다. 우리도 함께하는 성도들과 교회를 위해 기도할 때, 공동체는 더욱 건강해지고 하나님께 영광을 돌릴 수 있습니다.

❹ 기도는 공동체의 영적 성장을 이끕니다.

공동체가 성장하려면 성도들이 영적으로 강건해야 합니다. 서로를 위해 기도할 때, 하나님께서 공동체를 더욱 강하게 세워 가십니다.

❺ 공동체를 위한 기도는 하나님의 뜻을 이루는 과정입니다.

하나님은 공동체 안에서 역사하시고, 그 공동체를 통해 하나님의 뜻을 이루어 가십니다. 공동체를 위한 기도는 하나님의 시선으로 공동체를 바라보게 하고, 그분의 뜻에 순종하며 걸어가게 하는 영적인 순례입니다.

3. 삶에 적용하며:

공동체는 하나님의 은혜 위에 세워집니다. 그러나 그 은혜가 날마다 기억되고, 사랑과 연합으로 열매 맺기 위해서는 기도하는 사람들이 필요합니다. 하나님께서는 기도를 통해 공동체 안의 오해를 풀게 하시고, 갈등을 화해로 이끄시며, 상처 난 마음을 치유하십니다. 기도는 공동체의 아픔을 외면하지 않고, 그 안으로 들어가 하나님의 마음으로 바라보게 합니다.

섬기고 있는 교회, 소그룹, 사역팀 또는 가족 가운데 무너져 가는 관계는 없는지, 지쳐 있는 지체는 없는지 살펴보십시오. 기도는 그들을 향한 하나님의 사랑을 흘려보내는 시작이 됩니다. 내가 기도할 때, 하나님은 공동체 안에 새 힘과 생명을 부어 주십니다. 지금의 기도가 내일의 연합을 이루는 기초가 되기를 소망합니다.

4. 기도의 길잡이:

❶ 공동체의 연합을 위한 기도

"하나님, 우리 공동체가 사람의 생각이 아닌 주님의 뜻 안에서 하나 되어 연합하게 하소서. 분열이 아닌 사랑과 화합으로 주님의 영광을 드러내는 공동체가 되게 하소서."

❷ 공동체의 영적 성장을 위한 기도

"주님, 우리가 서로를 위해 기도하며, 믿음 안에서 더욱 성숙해지도록 인도하여 주소서. 주님의 말씀을 중심으로 함께 자라가며, 성령 안에서 온전한 공동체로 세워지게 하소서."

❸ 공동체 안에서 섬김과 사랑을 실천하는 기도

"주님, 저를 공동체 안에서 사랑으로 섬기는 자로 세워주시고, 나보다 다른 이들을 먼저 배려하며 섬김의 기쁨을 누리게 하소서. 서로를 세우며 주님의 사랑을 전하는 도구가 되게 하소서."

5. 믿음의 발걸음을 내디디며:

건강한 공동체는 하나님의 은혜 위에 세워지며, 기도를 통해 성장합니다. 우리는 공동체의 일원으로서 기도로 그 공동체를 지켜야 할 책임이 있습니다.

내가 속한 교회와 공동체를 위해 기도해 보십시오. 공동체 안에서 어려움을 겪고 있는 사람이 있다면, 그를 위해 사랑으로 기도하며 하나님의 위로와 돌보심을 간구하십시오.

공동체를 위한 기도는 하나님의 뜻을 이루는 중요한 사명입니다. 오늘도 기도를 통해 공동체를 더욱 건강하게 세워가는 하루가 되기를 소망합니다.

> "기도는 나를 위한 것이 아니라, 우리를 위한 것이다.
> 우리는 함께 하나님께 나아가야 한다."

오늘의 기도 미션

하나님께서 내 마음에 주신 기도 제목을 한 가지 적어보세요.

오늘 내 기도의 중심 구절

오늘 묵상한 말씀 중, 기도하며 붙잡고 싶은 한 구절을 적어보세요.

나의 기도와 응답 기록

오늘 하루 동안 기도하며 경험한 것들을 기록해 보세요.

8 고린도후서 (2 Corinthians)

묵상 주제 **환난 중 위로를 구하는 기도**
핵심 구절 고린도후서 1장 3-4절
"찬송하리로다 그는 우리 주 예수 그리스도의 하나님이시요 자비의 아버지시요 모든 위로의 하나님이시며 우리의 모든 환난 중에서 우리를 위로하사 우리로 하여금 하나님께 받는 위로로써 모든 환난 중에 있는 자들을 능히 위로하게 하시는 이시로다."

---

1. 본문을 살피며:

고린도후서는 고난 속에서도 하나님의 위로를 경험한 바울의 간증이 담긴 편지입니다. 바울은 복음을 전하다가 수많은 고난과 핍박을 당했지만, 그 모든 환난 속에서도 하나님께서 위로해 주셨음을 고백합니다.

"찬송하리로다! 그는 우리 주 예수 그리스도의 하나님이시요, 자비의 아버지시요, 모든 위로의 하나님이시며, 우리의 모든 환난 중에서 우리를 위로하사."

이 말씀은 하나님께서 우리의 모든 고난을 아시고, 친히 위로해 주시는 분임을 선포합니다. 하나님께서는 우리가 고통받을 때 외면하지 않으시며, 가장 적절한 위로와 힘을 주시는 하나님이십니다. 오늘 우리는 이 말씀을 통해, 환난 중에서 하나님께 드리는 기도가 어떻게 우리의 삶을 변화시키는지 묵상해 보겠습니다.

2. 말씀을 품으며: 환난 중 위로를 구하는 기도를 통해 배우는 세 가지 교훈

❶ 하나님께서 모든 환난 속에서 우리를 위로하신다.

바울은 수많은 고난을 겪었지만, 하나님께서 그의 모든 환난 속에서 위로하셨음을 간증합니다. 우리도 고통 중에 있을 때, 하나님께서 우리의 피난처 되심을 믿고 기도해야 합니다.

❷ 하나님의 위로는 우리를 통해 다른 이들에게 흘러간다.

바울은 하나님께서 우리를 위로하시는 이유가, 우리가 또 다른 사람을 위로하게 하기 위함이라고 말합니다(고린도후서 1:4). 우리가 하나님의 위로를 경험하면, 다른 사람들에게 그 위로를 전할 수 있습니다.

❸ 고난 속에서도 기도하면 하나님의 능력을 경험한다.

바울은 큰 환난 속에서도 기도를 통해 하나님께서 살려주셨음을 고백합니다. 우리가 고난 가운데 있을 때, 기도는 우리를 절망에서 소망으로 이끄는 강력한 도구입니다.

3. 삶에 적용하며:

삶의 여정에서 예상하지 못한 어려움이 찾아올 때가 있습니다. 바울은 하나님께서 환난 중에 우리를 위로하시는 분임을 선포하며, 자신의 고난 속에서도 하나님의 위로를 경험했다고 고백했습니다. 그는 그 위로를 통해 다른 이들에게도 힘과 용기를 전할 수 있음을 깨달았습니다. 우리도 환난 가운데 하나님의 위로를 구하며 기도의 자리로 나아가야 합니다. 하나님의 위로는 지친 마음을 회복시키고, 고난을 이겨낼 힘을 주십니다. 또한, 우리가 받은 위로를 다른 사람들과 나누며 격려하는 삶을 살아갈 때, 하나님의 사랑이 더욱 깊이 전해질 것입니다. 어떤 고난도 끝이 아닙니다. 그 순간이 하나님의 위로를 깊이 경험하는 기회가 될 수 있습니다. 오늘, 하나님의 위로 안에서 소망을 품고 살아가는 하루가 되기를 바랍니다.

4. 기도의 길잡이:

❶ 고난 속에서 하나님의 위로를 구하는 기도

"주님, 제 마음이 지치고 연약합니다. 하지만 주께서 저를 붙드시고 위로하심을 믿습니다. 이 어려움 속에서도 주님의 평안을 경험하게 하시고, 어떤 상황에서도 주님의 신실하심을 신뢰하게 하소서."

❷ 다른 사람을 위로하는 기도

"하나님, 제가 주님께 받은 위로를 이웃과 나눌 수 있도록 도와주소서. 낙심한 자들에게 따뜻한 말과 손길로 주님의 사랑을 전하게 하시고, 그들의 아픔을 품고 함께 기도하는 위로의 통로가 되게 하소서."

❸ 소망을 품고 나아가는 기도

"주님, 고난이 찾아올 때에도 주님을 신뢰하며 나아가게 하소서. 고난 속에서도 주님의 뜻이 이루어짐을 믿고, 제 삶이 주님의 영광을 나타내는 도구가 되게 하소서. 지금의 어려움이 주님의 계획 안에 있음을 기억하며, 믿음으로 견디고 끝까지 인내하게 하소서. 주께서 예비하신 소망을 바라보며 나아가게 하소서."

5. 믿음의 발걸음을 내디디며:

우리의 삶에는 피할 수 없는 환난과 고난이 찾아옵니다. 그러나 하나님께서는 우리의 모든 환난을 아시고, 위로하시며, 가장 선한 길로 인도하십니다. 그러므로 우리는 고난 중에도 기도를 멈추지 않고 하나님께 나아가야 합니다.

환난 중에도 하나님을 더욱 의지하며 기도해 보십시오. 하나님의 위로를 경험한 후, 그 위로를 필요한 이들에게 나누며 함께 걸어가십시오.

고난은 끝이 아닙니다. 하나님과 함께 기도하며 걸어갈 때, 우리는 환난 속에서도 소망을 발견하게 될 것입니다.

> *"기도는 하나님을 변화시키는 것이 아니라,*
> *우리를 변화시킨다."*

오늘의 기도 미션

하나님께서 내 마음에 주신 기도 제목을 한 가지 적어보세요.

오늘 내 기도의 중심 구절

오늘 묵상한 말씀 중, 기도하며 붙잡고 싶은 한 구절을 적어보세요.

나의 기도와 응답 기록

오늘 하루 동안 기도하며 경험한 것들을 기록해 보세요.

흔들리는 삶 속에서

3부

→ 기도가 나를 바꿀 수 있을까?

9. 갈라디아서 **성령의 열매를 맺는 기도** (갈5:22-23)

10. 에베소서 **영적 강건함을 위한 기도** (엡3:16-19)

11. 빌립보서 **감사와 평안을 구하는 기도** (빌4:6-7)

12. 골로새서 **하나님의 뜻을 아는 기도** (골1:9-10)

9 갈라디아서 (Galatians)

묵상 주제 **성령의 열매를 맺는 기도**
핵심 구절 갈라디아서 5장 22-23절
"오직 성령의 열매는 사랑과 희락과 화평과 오래 참음과 자비와 양선과 충성과 온유와 절제니 이같은 것을 금지할 법이 없느니라."

1. 본문을 살피며:

갈라디아서 5장은 성령을 따라 사는 삶과 육체의 욕심을 따르는 삶을 대비하며, 우리가 성령 안에서 변화된 삶을 살아야 함을 강조합니다. 바울은 성령의 열매에 대해 가르치며, 기도를 통해 성령의 능력을 구할 때, 우리의 삶에서 아름다운 열매가 맺힐 수 있음을 선포합니다.

"오직 성령의 열매는 사랑과 희락과 화평과 오래 참음과 자비와 양선과 충성과 온유와 절제니 이 같은 것을 금지할 법이 없느니라."

이 말씀은 기도하는 삶이 성령님의 인도하심에 온전히 붙들릴 때, 우리가 맺게 되는 성숙한 신앙의 모습을 보여줍니다. 오늘 이 말씀을 묵상하며, 기도를 통해 성령의 열매를 맺는 삶이란 무엇인지 깊이 생각해 보십시오.

2. 말씀을 품으며: 성령의 열매를 맺는 기도를 통해 배우는 세 가지 교훈

❶ 기도는 우리의 삶을 성령께 맡기는 과정이다.

우리는 종종 우리의 의지와 노력으로 변화하려고 하지만, 진정한 변화는 성령님에게 삶을 맡길 때 일어납니다. 기도는 성령님의 인도하심을 구하고, 우리 안에 열매 맺기를 간구하는 과정입니다.

❷ 기도할 때, 성령의 열매가 우리 안에서 자라난다.

우리의 마음은 기도 없이 변화되지 않습니다. 성령님에게 우리의 마음을 내어드릴 때, 우리의 삶에 사랑, 희락, 화평과 같은 열매가 맺히게 됩니다.

❸ 성령의 열매를 맺는 기도는 지속적인 과정이다.

과일이 하루아침에 열리지 않듯, 우리의 신앙도 성령의 열매를 맺기까지 시간이 필요합니다. 우리는 매일 성령님의 도우심을 구하며 기도해야 합니다.

3. 삶에 적용하며:

신앙생활은 우리의 노력만으로 변화되는 것이 아닙니다. 성령님의 인도하심을 따를 때, 참된 변화가 이루어집니다. 바울은 갈라디아서에서 성령의 열매를 맺는 삶의 중요성을 강조하며, 하나님의 다스림을 받을 때 우리의 삶이 아름다운 열매를 맺게 됨을 가르쳤습니다.

성령님의 인도하심을 구하며 살아가기를 결단해 보십시오. 감정이나 의지에 따라 흔들리지 않고, 성령님과 동행하며 사랑, 기쁨, 화평을 실천하는 삶을 선택하십시오. 성령의 열매는 단번에 맺히는 것이 아니라, 삶의 자리에서 꾸준히 자라나는 것입니다. 순간순간 성령님에게 마음을 여는 훈련을 하며, 오늘도 성령의 도우심을 구하는 기도의 자리로 나아가십시오.

4. 기도의 길잡이:

❶ 성령의 열매가 맺히기를 구하는 기도

"주님, 제 안에 성령의 열매가 풍성히 맺히게 하소서. 사랑과 희락, 화평과 인내, 자비와 선함, 충성과 온유, 절제의 열매가 날마다 자라나 주님의 성품을 닮아가게 하소서."

❷ 성령님을 의지하는 기도

"성령님, 제 생각과 감정을 다스려 주시고, 어떤 순간에도 성령님의 인도하심을 따르게 하소서. 제 안에서 역사하셔서 모든 말과 행동이 주님의 뜻 안에서 이루어지게 하소서."

❸ 매일 변화되는 삶을 위한 기도

"하나님, 성령님의 능력으로 저를 새롭게 변화시켜 주소서. 오늘도 말씀과 기도로 성령님과 동행하며, 날마다 주님을 닮아가는 삶을 살게 하소서."

5. 믿음의 발걸음을 내디디며:

우리의 노력만으로는 참된 변화를 이룰 수 없습니다. 그러나 우리가 기도로 하나님께 나아갈 때, 성령님이 우리를 새롭게 빚어 가십니다. 기도는 우리의 연약함을 맡겨 드리는 시간이자, 성령의 능력으로 변화되는 과정입니다.

성령의 열매가 삶 속에서 풍성히 맺히기를 간구하십시오. 자신의 힘이 아닌 성령님의 인도하심을 따라 살며, 기도의 자리에서 하나님과 깊이 교제하는 삶을 결단하십시오.

성령의 열매는 하나님께서 기도를 통해 주시는 은혜의 선물입니다. 오늘도 성령님을 온전히 의지하며, 기도로 더욱 성숙해지는 하루가 되기를 바랍니다.

*"성령 충만한 기도는
우리의 성품을 바꾸고, 삶의 열매를 맺게 한다."*

오늘의 기도 미션
하나님께서 내 마음에 주신 기도 제목을 한 가지 적어보세요.

오늘 내 기도의 중심 구절
오늘 묵상한 말씀 중, 기도하며 붙잡고 싶은 한 구절을 적어보세요.

나의 기도와 응답 기록
오늘 하루 동안 기도하며 경험한 것들을 기록해 보세요.

10 에베소서 (Ephesians)

묵상 주제 **영적 강건함을 위한 기도**
핵심 구절 에베소서 3장 16-19절

"그의 영광의 풍성함을 따라 그의 성령으로 말미암아 너희 속사람을 능력으로 강건하게 하시오며 믿음으로 말미암아 그리스도께서 너희 마음에 계시게 하시옵고 너희가 사랑 가운데서 뿌리가 박히고 터가 굳어져서 능히 모든 성도와 함께 지식에 넘치는 그리스도의 사랑을 알고 그 너비와 길이와 높이와 깊이가 어떠함을 깨달아 하나님의 모든 충만하신 것으로 너희에게 충만하게 하시기를 구하노라."

1. 본문을 살피며:

에베소서는 바울이 에베소 교회를 향해 기록한 서신으로, 교회와 성도의 영적 성장을 깊이 있게 강조하고 있습니다. 특히 에베소서 3장 16절은 바울이 에베소 성도들이 속사람부터 강건해지기를 간절히 기도하는 장면입니다. 그는 육체의 필요보다, 성령의 능력이 임하여 내면이 견고해지기를 구했습니다.

"그의 영광의 풍성함을 따라 그의 성령으로 말미암아
너희 속사람을 능력으로 강건하게 하옵시며."

이 말씀은 오늘날 우리에게도 하나님 앞에서 영적으로 강건해지기를 간구해야 함을 가르쳐 줍니다. 오늘 우리는 이 말씀을 통해, 하나님께서 성령을 통해 우리의 속사람을 어떻게 강하게 세우시는지 함께 묵상해 보겠습니다.

2. 말씀을 품으며: 영적 강건함을 위한 기도를 통해 배우는 세 가지 교훈

❶ 속사람의 강건함은 성령님의 역사로 이루어진다.

바울은 영적 강건함이 우리의 노력만으로 이루어지는 것이 아니라, 성령님의 능력을 통해 가능하다는 것을 강조합니다. 우리가 성령님에게 의지하며 기도할 때, 하나님이 우리의 내면을 새롭게 변화시키십니다.

❷ 기도를 통해 우리의 내면이 하나님의 능력으로 채워진다.

신앙생활에서 외적인 활동뿐만 아니라 내면의 강건함이 중요합니다. 기도할 때, 하나님의 능력이 우리의 마음을 붙드시고, 영적으로 성장할 힘을 주십니다. 깊은 기도는 우리의 영혼을 강하게 하고, 하나님의 뜻을 더욱 분명히 깨닫게 합니다.

❸ 영적 강건함을 위한 기도는 지속적인 과정이다.

한 번의 기도로 강건해지는 것이 아닙니다. 매일 하나님께 나아가 기도하며, 성령님의 인도하심을 구해야 합니다. 우리의 영혼은 꾸준한 기도와 말씀 묵상을 통해 강해지고, 하나님의 은혜 안에서 자라납니다.

3. 삶에 적용하며:

신앙은 단기간에 강해지는 것이 아닙니다. 꾸준한 기도와 말씀 묵상을 통해 하나님과 동행할 때, 영적으로 강건한 삶을 살 수 있습니다. 바울은 영적 전쟁에 대비하며, 기도와 성령의 능력을 의지해야 함을 강조했습니다. 영적 강건함을 위해 하나님의 말씀을 가까이하고, 기도의 자리를 지키기로 결단해 보십시오.

어려운 상황에서도 믿음을 지키며, 하나님의 능력으로 이겨내는 훈련을 해 보십시오. 영적 강건함은 우리의 의지만으로 이루어지는 것이 아니라, 하나님과의 지속적인 교제 속에서 자라납니다. 오늘도 하나님과 동행하며, 영적으로 더욱 강해지는 하루가 되기를 소망합니다.

4. 기도의 길잡이:

❶ 성령의 능력을 구하는 기도

"주님, 제 속사람이 성령님의 능력으로 더욱 강건해지기를 원합니다. 성령님이 저를 다스리시고, 주님의 영광으로 충만하게 채워 주소서. 날마다 성령의 힘을 덧입어 주님의 뜻을 이루는 삶을 살게 하소서."

❷ 신앙의 흔들림 속에서 붙드는 기도

"하나님, 믿음이 흔들릴 때마다 제 영혼을 굳게 붙들어 주소서. 연약할 때 성령님의 도우심으로 더욱 강건해지게 하시고, 흔들림 속에서도 주님을 더욱 깊이 신뢰하며 성장하는 믿음을 갖게 하소서."

❸ 매일 하나님께 의지하는 기도

"하나님, 오늘도 주님 안에서 강건한 삶을 살게 하소서. 성령님과 동행하며, 모든 순간 주님을 의지하고 믿음으로 나아가게 하소서. 제 삶이 주님의 영광을 나타내는 도구가 되게 하소서."

5. 믿음의 발걸음을 내디디며:

영적 강건함은 기도를 통해 하나님께 나아갈 때 이루어집니다. 우리의 의지만으로는 한계가 있지만, 성령님의 능력이 우리 안에서 역사하실 때 내면이 새롭게 변화되고, 참된 영적 성장이 가능합니다.

속사람이 강건해지도록 간절히 기도하십시오. 영적으로 지칠 때마다 기도의 자리로 나아가 하나님께 힘을 구하며, 성령의 새 힘을 공급받으십시오.

하나님께서 우리를 붙드시고, 성령을 통해 놀라운 능력을 부어 주십니다. 오늘도 영적 강건함을 위한 기도를 지속하며, 하나님과 동행하는 하루가 되기를 소망합니다.

"기도하는 사람은 세상의 가장 강한 힘을 지닌 사람이다."

∷ 오늘의 기도 미션

하나님께서 내 마음에 주신 기도 제목을 한 가지 적어보세요.

∷ 오늘 내 기도의 중심 구절

오늘 묵상한 말씀 중, 기도하며 붙잡고 싶은 한 구절을 적어보세요.

∷ 나의 기도와 응답 기록

오늘 하루 동안 기도하며 경험한 것들을 기록해 보세요.

11 빌립보서 (Philippians)

묵상 주제 감사와 평안을 구하는 기도
핵심 구절 빌립보서 4장 6-7절
"아무것도 염려하지 말고 다만 모든 일에 기도와 간구로, 너희 구할 것을 감사함으로 하나님께 아뢰라 그리하면 모든 지각에 뛰어난 하나님의 평강이 그리스도 예수 안에서 너희 마음과 생각을 지키시리라."

1. 본문을 살피며:

빌립보서는 바울이 로마 감옥에서 기록한 옥중서신으로, 기쁨과 평안을 반복해서 강조하고 있는 편지입니다. 바울은 자신을 후원한 유일한 교회인 빌립보교회에 감사의 마음과 함께 영적 권면을 전하며, 염려와 불안에 흔들리지 말고 기도와 감사로 응답하라고 격려합니다.

빌립보교회는 당시 로마 제국 내에서 군사·상업적으로 중요한 도시였고, 그 안의 성도들은 신앙적 긴장과 외부 압력 속에 놓여 있었습니다. 바울은 그런 상황 가운데서도 모든 상황을 기도와 감사로 하나님께 아뢰면 "지각에 뛰어난 하나님의 평강"이 그리스도 안에서 마음과 생각을 지켜 주신다고 전합니다. 감옥이라는 현실 앞에서도 바울은 기도와 감사를 통해 하나님의 평안을 경험했습니다. 그는 상황을 바꿔 달라는 요청보다, 하나님 안에서 흔들리지 않는 마음을 간구했습니다.

오늘 우리는 이 말씀을 묵상하며, 기도가 어떻게 우리의 마음을 감사와 평안으로 변화시키는지 깊이 생각해 봅시다.

2. 말씀을 품으며: 감사와 평안을 구하는 기도를 통해 배우는 세 가지 교훈

❶ 기도는 염려를 평안으로 바꾸는 열쇠이다.

바울은 염려하지 말고 기도하라고 강조합니다. 우리의 삶에도 두려움과 불안이 찾아오지만, 하나님께 기도로 나아갈 때, 평안으로 우리 마음을 다스리십니다.

❷ 감사와 기도는 함께해야 한다.

기도는 감사와 함께할 때 더욱 깊어집니다. 하나님께 감사하며 나아갈 때, 우리의 시선이 문제에서 벗어나 하나님의 은혜를 바라보게 됩니다. 감사는 이미 받은 은혜를 기억하게 하며, 더욱 큰 평안을 누리게 합니다.

❸ 하나님의 평강은 우리의 마음과 생각을 지키신다.

기도할 때, 하나님의 평강이 우리의 불안한 마음을 감싸 주십니다. 환경이 그대로일지라도, 하나님께서 평안으로 우리를 붙드시고 보호하십니다.

3. 삶에 적용하며:

우리의 삶에는 기쁨과 감사로 가득한 순간도 있지만, 때로는 염려와 불안이 엄습할 때도 있습니다. 사도 바울은 감옥에 있으면서도 감사의 기도를 드리며, 마음의 평안을 유지하는 비결이 하나님께 모든 것을 맡기는 것임을 가르쳤습니다. 작은 일에도 감사의 이유를 찾아보며, 하나님께 감사하는 습관을 길러보시길 권합니다. 걱정과 염려가 밀려올 때마다, 기도를 통해 하나님의 평안을 구하며 모든 것을 주님께 맡겨보십시오. 감사하는 마음은 우리의 시선을 문제에서 하나님께로 돌려, 참된 평안을 경험하게 합니다. 감사와 평안은 우리의 선택에 달려 있습니다. 오늘도 하나님을 신뢰하며, 감사와 평안이 넘치는 하루가 되시길 소망합니다.

4. 기도의 길잡이:

❶ 주께 염려를 맡기는 기도

"하나님, 제 마음 속의 염려와 두려움을 온전히 주님께 올려드립니다. 저의 연약함을 아시는 주님, 주님의 평안으로 저를 감싸 주시고, 어떤 상황 속에서도 주님을 신뢰하며 담대하게 나아가게 하소서."

❷ 감사의 마음으로 드리는 기도

"주님, 저에게 베푸신 크신 은혜를 기억하며 감사드립니다. 모든 상황 속에서 주님의 신실하심을 바라보며, 불평보다 감사의 마음으로 살아가게 하소서. 주님의 평강이 제 안에 충만하여, 어떤 순간에도 감사로 주님을 찬양하게 하소서."

❸ 평안을 구하는 기도

"주님, 제 마음과 생각을 주님의 평강으로 지켜 주소서. 혼란과 걱정이 아닌 주님의 참된 평안이 제 안에 자리 잡게 하시고, 어떤 환경 속에서도 흔들리지 않는 믿음을 허락하여 주소서. 주님 안에서 안식하며 평안 가운데 거하는 삶을 살게 하소서."

5. 믿음의 발걸음을 내디디며:

삶의 여정 속에서 염려와 불안은 끊임없이 우리를 찾아옵니다. 그러나 우리가 기도로 하나님께 나아갈 때, 그분의 은혜 안에서 참된 평안을 경험할 수 있습니다. 염려를 붙잡는 대신, 하나님께 맡길 때 우리의 마음은 감사로 채워지고 믿음은 더욱 견고해집니다.

모든 염려를 주님께 내려놓고 기도하십시오. 받은 은혜를 기억하며 감사의 고백을 올려 드리고, 하나님의 평강이 마음을 다스리도록 간구하십시오. 하나님의 평강은 우리의 상황을 초월하여 우리의 마음과 생각을 지키시는 놀라운 은혜입니다. 오늘도 기도를 통해 참된 평안을 누리며, 하나님과 동행하는 하루가 되기를 바랍니다.

"기도는 걱정을 하나님께 맡기는 순간 시작된다."

❖ 오늘의 기도 미션
하나님께서 내 마음에 주신 기도 제목을 한 가지 적어보세요.

❖ 오늘 내 기도의 중심 구절
오늘 묵상한 말씀 중, 기도하며 붙잡고 싶은 한 구절을 적어보세요.

❖ 나의 기도와 응답 기록
오늘 하루 동안 기도하며 경험한 것들을 기록해 보세요.

12 골로새서 (Colossians)

묵상 주제 **하나님의 뜻을 아는 기도**
핵심 구절 골로새서 1장 9-10절
"이로써 우리도 듣던 날부터 너희를 위하여 기도하기를 그치지 아니하고 구하노니 너희로 하여금 모든 신령한 지혜와 총명에 하나님의 뜻을 아는 것으로 채우게 하시고 주께 합당하게 행하여 범사에 기쁘시게 하고 모든 선한 일에 열매를 맺게 하시며 하나님을 아는 것에 자라게 하시고."

1. 본문을 살피며:

골로새서는 바울이 로마 감옥에서 기록한 옥중서신 중 하나로, 골로새교회 성도들이 신앙 안에 굳게 서서 그리스도의 주되심을 바로 이해하고 따르도록 격려하는 메시지를 담고 있습니다. 바울은 골로새교회 성도들을 직접 만나지 못했지만, 그들의 믿음과 사랑의 소식을 들은 후로 끊임없이 기도했다고 고백합니다. 그 기도의 핵심은, 성도들이 하나님의 뜻을 깊이 깨닫고 지혜롭게 분별하며 하나님의 뜻에 합당하게 살아가는 삶에 이르도록 하는 것이었습니다.

"이로써 우리도 듣던 날부터 너희를 위하여 기도하기를 그치지 아니하고 구하노니, 너희로 하여금 모든 신령한 지혜와 총명에 하나님의 뜻을 아는 것으로 채우게 하시고."

이 말씀은 바울이 성도들을 위해 구한 가장 본질적인 간구가 하나님의 뜻을 아는 지혜에 있다는 것을 보여 줍니다. 신앙의 성숙은 원하는 것을 얻는 데 있지 않고, 하나님의 뜻을 알고 그것을 따르는 삶 속에서 열매 맺게 됩니다.

오늘 우리는 이 말씀을 통해, 하나님의 뜻을 아는 기도가 우리의 신앙과 삶을 어떻게 인도하고 변화시키는지를 묵상해 보겠습니다.

2. 말씀을 품으며: 하나님의 뜻을 아는 기도를 통해 배우는 세 가지 교훈

❶ **하나님의 뜻은 기도를 통해 깨닫게 된다.**

하나님의 뜻은 우리의 경험이나 지식만으로 이해할 수 있는 것이 아닙니다. 성령님의 인도하심을 통해서만 깊이 깨달을 수 있습니다. 우리가 기도할 때, 하나님께서 신령한 지혜와 총명을 주셔서 그분의 뜻을 분별하게 하십니다.

❷ **하나님의 뜻을 아는 것은 신앙 성장의 핵심이다.**

바울은 성도들이 하나님의 뜻을 분별하며 살아가기를 간절히 기도했습니다. 신앙이 성숙해지려면, 자신의 생각을 내려놓고 하나님의 뜻을 구하는 태도가 필요합니다. 하나님의 뜻을 알 때, 우리의 삶은 더욱 견고해지고 주님의 계획 안에서 열매를 맺게 됩니다.

❸ **하나님의 뜻을 알았다면, 순종이 필요하다.**

하나님의 뜻을 아는 것으로 끝나는 것이 아니라, 그 뜻에 순종하며 살아가는 것이 중요합니다. 참된 믿음은 기도를 통해 하나님의 뜻을 구할 뿐만 아니라, 그분의 말씀을 따라 행할 때 완성됩니다. 오늘도 하나님의 뜻에 순종하는 삶을 선택하십시오.

3. 삶에 적용하며:

신앙생활에서 가장 중요한 것은 하나님의 뜻을 아는 것입니다. 그러나 하나님의 뜻은 우리가 원하는 방식이나 속도로 주어지지 않을 때가 많습니다. 바울은 기도를 통해 하나님의 뜻을 분별하고, 그 뜻대로 살아가는 것이 신앙인의 삶임을 가르쳤습니다.

자신의 계획보다 하나님의 계획을 신뢰하며 살아가기로 결단해 보십시오. 결정을 내려야 할 때, 나의 뜻이 아닌 하나님의 뜻을 먼저 구하는 연습을 해 보십시오. 하나님의 뜻은 기도하는 사람에게 더욱 분명하게 보이며, 순종하는 사람을 통해 이루어집니다. 오늘도 하나님의 뜻을 분별하며, 그분의 인도하심을 따라 살아가는 하루가 되기를 소망합니다.

4. 기도의 길잡이:

❶ 하나님의 뜻을 깨닫는 기도

"하나님, 제 삶 속에서 주님의 뜻을 올바로 분별할 수 있도록 지혜를 더하여 주소서. 성령님의 인도하심을 따라 바른 길을 선택하게 하시고, 어떤 상황에서도 주님의 계획을 신뢰하며 순종하는 믿음을 허락해 주소서."

❷ 하나님의 뜻에 순종하는 기도

"주님, 제 뜻이 아닌 주님의 계획을 따르게 하시고, 기꺼이 순종할 수 있는 믿음을 허락해 주소서. 주님의 뜻 안에서 담대히 나아가게 하시고, 어려움 속에서도 흔들림 없이 주께서 인도하시는 길을 걸어가게 하소서."

❸ 하나님의 지혜를 구하는 기도

"하나님, 저의 부족함을 채워 주시고, 주님의 지혜로 제 마음과 입술을 주장하여 주소서. 모든 일에서 주님의 뜻을 먼저 구하며, 성령님이 주시는 지혜로 바른 결정을 내리고 주님을 기쁘시게 하는 삶을 살게 하소서."

5. 믿음의 발걸음을 내디디며:

우리의 삶에는 수많은 선택과 결정이 필요하지만, 인간의 지혜와 판단만으로는 온전한 길을 찾기 어렵습니다. 그러나 하나님께 기도로 나아갈 때, 주님께서 신령한 지혜와 총명을 주시고 우리의 발걸음을 선한 길로 인도하십니다. 올바른 선택은 하나님의 뜻을 구하는 데서 시작되며, 그 뜻에 순종할 때 비로소 참된 평안과 확신을 누릴 수 있습니다.

모든 결정과 계획 속에서 하나님의 뜻을 간절히 구하며 기도하십시오. 하나님의 인도하심을 구할 뿐만 아니라, 그 뜻을 깨달을 때 즉시 순종하는 삶을 결단하십시오. 오늘도 하나님의 뜻을 분별하고 순종하는 기도를 통해 주님의 인도하심을 경험하는 복된 하루가 되기를 바랍니다.

"하나님의 뜻을 아는 기도의 목적은
하나님과 더욱 친밀한 교제를 나누는 것이다."

❖ 오늘의 기도 미션
하나님께서 내 마음에 주신 기도 제목을 한 가지 적어보세요.

❖ 오늘 내 기도의 중심 구절
오늘 묵상한 말씀 중, 기도하며 붙잡고 싶은 한 구절을 적어보세요.

❖ 나의 기도와 응답 기록
오늘 하루 동안 기도하며 경험한 것들을 기록해 보세요.

기도는 해도 변하는 게 없어

4부

지치고 포기하고 싶은 순간에

13. 데살로니가전서 **항상 기뻐하며 기도하는 삶** (살전5:16-18)
14. 데살로니가후서 **믿음을 굳게 하는 기도** (살후3:3-5)
15. 디모데전서 **모든 사람을 위한 중보 기도** (딤전2:1)
16. 디모데후서 **끝까지 믿음을 지키는 기도** (딤후4:7)
17. 디도서 **선한 삶을 위한 기도** (딛3:8)
18. 빌레몬서 **용서를 위한 기도** (몬1:8-9)

13 데살로니가전서 (1 Thessalonians)

묵상 주제 항상 기뻐하며 기도하는 삶
핵심 구절 데살로니가전서 5장 16-18절
"항상 기뻐하라. 쉬지 말고 기도하라. 범사에 감사하라. 이것이 그리스도 예수 안에서 너희를 향하신 하나님의 뜻이니라."

1. 본문을 살피며:

데살로니가전서는 바울이 제2차 선교 여행 중에 세운 데살로니가 교회를 향해 기록한 가장 초기의 서신 중 하나입니다. 그 도시는 로마 제국 내에서도 상업과 문화의 중심지였고, 복음이 전해지자 유대인들의 반발로 인해 바울은 짧은 기간 머물고 떠나야 했습니다. 바울은 짧은 만남 이후에도 그들을 깊이 염려했고, 성도들이 핍박 속에서도 믿음을 지키고 있다는 소식을 듣고 감사하며 신앙의 기초를 다질 수 있도록 격려의 편지를 보냈습니다. 특히 데살로니가전서 5장에서는 성도들이 어떠한 상황에서도 흔들림 없이 살아가기 위한 신앙의 태도 세 가지를 강조합니다.

"항상 기뻐하라, 쉬지 말고 기도하라, 범사에 감사하라,
이것이 그리스도 예수 안에서 너희를 향하신 하나님의 뜻이니라."

바울은 삶 전체가 하나님과의 끊임없는 대화가 되어야 하며, 기쁨과 감사는 하나님을 향한 신뢰에서 비롯된 태도임을 강조합니다. 이 말씀은 오늘날을 살아가는 우리에게도, 기도가 날마다의 삶 속에서 하나님을 바라보는 지속적인 자세가 되어야 함을 일깨워 줍니다. 오늘 우리는 이 말씀을 통해, 왜 기쁨과 감사의 마음으로 쉬지 않고 기도해야 하는지 그 이유를 믿음 안에서 깊이 묵상해 보겠습니다.

2. 말씀을 품으며: 항상 기뻐하며 기도하는 삶을 통해 배우는 세 가지 교훈

❶ 기도는 우리의 삶을 기쁨으로 변화시킨다.

바울은 "항상 기뻐하라"고 권면합니다. 기쁨은 환경이 좋아서 생기는 감정이 아니라, 기도를 통해 하나님을 신뢰할 때 마음 깊은 곳에서 우러나오는 은혜입니다. 우리가 기도할 때, 하나님께서 주시는 참된 기쁨이 우리의 삶을 변화시킵니다.

❷ 쉬지 않는 기도는 하나님과의 관계를 깊게 만든다.

기도는 하나님과의 지속적인 교제입니다. 기도를 멈추지 않을 때, 우리는 하나님의 뜻을 더 분명히 깨닫고, 그분의 마음을 더욱 가까이 알게 됩니다.

❸ 감사는 기도의 완성이다.

감사는 하나님의 선하심을 신뢰하는 믿음의 표현입니다. 범사에 감사할 때, 우리의 기도는 더 깊어지고, 하나님께서 베푸시는 풍성한 은혜를 경험하게 됩니다. 기도를 통해 감사로 나아갈 때, 우리의 마음은 더욱 주님께 가까워집니다.

3. 삶에 적용하며:

삶에는 기뻐할 일이 많지만, 때로는 기쁨을 잃어버리는 순간도 찾아옵니다. 바울은 어려운 상황에서도 항상 기뻐하며, 쉬지 말고 기도하라고 권면했습니다. 그 기쁨은 환경과 조건에서 오는 것이 아닌 하나님과의 깊은 관계 속에서 나오는 영적 기쁨이었습니다. 감사할 이유를 찾고, 작은 것에도 기뻐하며 하나님께 영광을 돌려 보십시오. 좋은 일이 있을 때뿐만 아니라, 힘든 순간에도 기도의 자리로 나아가 기쁨을 회복해 보십시오. 참된 기쁨은 기도 속에서 하나님의 임재를 경험할 때 더욱 깊어집니다. 오늘도 하나님을 신뢰하며, 항상 기뻐하고 기도하는 하루가 되기를 소망합니다.

4. 기도의 길잡이:

❶ 기쁨을 구하는 기도

"하나님, 제 삶의 상황과 상관없이 주님 안에서 참된 기쁨을 누리게 하소서. 세상의 일시적인 기쁨을 좇지 않게 하시고, 주님이 주시는 변치 않는 기쁨으로 제 마음이 충만하게 하소서. 어떤 순간에도 주님 안에서 기뻐할 수 있는 믿음을 허락하소서."

❷ 쉬지 않고 기도하는 삶을 위한 기도

"주님, 제 삶이 언제 어디서나 주님과 동행하는 기도의 시간이 되게 하소서. 순간마다 주님을 바라보며 기도하는 습관을 갖게 하시고, 모든 일에 앞서 주님께 간구하며 의지하는 삶을 살게 하소서."

❸ 감사하는 마음을 위한 기도

"하나님, 모든 상황 속에서 주님의 은혜를 기억하며 감사하는 삶을 살게 하소서. 고난과 어려움 속에서도 주님의 신실하심을 신뢰하며, 불평보다 감사가 먼저 나오는 믿음을 허락하소서. 감사가 제 삶의 습관이 되게 하시고, 언제나 주님의 선하심을 찬양하게 하소서."

5. 믿음의 발걸음을 내디디며:

우리는 때때로 기도를 문제 해결의 수단처럼 생각하지만, 바울은 기도를 하나님과 끊임없이 연결되는 삶의 방식으로 강조했습니다. 기도는 필요를 올려 드리는 것을 넘어, 하나님과 깊은 교제를 나누며 그분의 임재 안에 머무는 영적 시간입니다.

크고 작은 모든 일에 기쁨과 감사를 담아 기도해 보십시오. 일상의 순간마다 하나님께 짧은 기도를 올리며, 주님과 동행하는 삶을 실천하십시오. 하나님께서는 우리의 모든 기도를 들으시며, 기쁨과 평안으로 우리의 마음을 채우는 분이십니다. 오늘도 항상 기뻐하며, 쉬지 말고 기도하는 삶을 살아가며 하나님의 임재 속에서 하루를 보내시길 바랍니다.

"기도 없이 하루를 시작하는 것은 그날을 낭비하는 것이다."

:: 오늘의 기도 미션

하나님께서 내 마음에 주신 기도 제목을 한 가지 적어보세요.

:: 오늘 내 기도의 중심 구절

오늘 묵상한 말씀 중, 기도하며 붙잡고 싶은 한 구절을 적어보세요.

:: 나의 기도와 응답 기록

오늘 하루 동안 기도하며 경험한 것들을 기록해 보세요.

14 데살로니가후서 (2 Thessalonians)

묵상 주제 **믿음을 굳게 하는 기도**
핵심 구절 데살로니가후서 3장 3-5절
"주는 미쁘사 너희를 굳건하게 하시고 악한 자에게서 지키시리라 너희에 대하여는 우리가 명한 것을 너희가 행하고 또 행할 줄을 우리가 주 안에서 확신하노니 주께서 너희 마음을 인도하여 하나님의 사랑과 그리스도의 인내에 들어가게 하시기를 원하노라."

1. 본문을 살피며:

데살로니가후서는 바울이 환난과 핍박 속에서 믿음을 지키고 있던 데살로니가교회를 향해 보낸 두 번째 권면의 편지입니다. 그들은 복음을 받아들인 이후, 유대인들과 로마 당국의 박해 속에서도 신앙을 포기하지 않고 끝까지 버티며 살아가고 있었습니다. 그러나 당시 교회 안에는 주의 날(재림)에 대한 오해와 혼란이 퍼지고 있었고, 거짓 가르침과 악한 세력의 방해로 인해 성도들의 마음이 흔들리고 낙심에 빠질 위험도 있었습니다. 바울은 그런 상황 가운데서 성도들을 향해 분명히 선포합니다. 믿음은 우리의 결심으로만 유지되는 것이 아니라, 하나님께서 친히 지켜 주시고 굳게 세우시는 것임을 강조한 것입니다.

"주는 미쁘사 너희를 굳건하게 하시고, 악한 자에게서 지키시리라."

바울은 믿음의 사람은 어떤 상황에서도 하나님께 붙들려야 하며, 모든 악한 영향으로부터 하나님의 보호하심을 구하는 기도가 신앙 여정의 핵심임을 힘 있게 권면합니다.

오늘 우리는 이 말씀을 통해, 믿음이 흔들리는 시대 속에서도 하나님의 신실하심을 신뢰하며 끝까지 믿음을 지키기 위한 기도가 얼마나 중요한지를 깊이 묵상하겠습니다.

2. 말씀을 품으며: 믿음을 굳게 하는 기도를 통해 배우는 세 가지 교훈

❶ 하나님께서는 우리의 믿음을 붙드시는 신실한 분이시다.

우리의 믿음은 환경이나 감정에 따라 흔들릴 수 있지만, 하나님께서 우리를 굳게 붙들어 주십니다. 하나님께서는 신실하셔서 우리를 끝까지 보호하시고 인도하십니다.

❷ 믿음의 흔들림은 기도를 통해 극복할 수 있다.

우리의 믿음이 연약할 때, 기도는 우리를 다시 하나님께로 돌아오게 합니다. 하나님께 믿음을 굳게 해달라고 기도할 때, 성령님이 우리를 강하게 붙드십니다.

❸ 악한 자의 공격 속에서도 하나님께서 우리를 지키신다.

신앙을 지키려 할 때, 우리는 영적 전쟁을 경험할 수 있습니다. 그러나 하나님께서는 우리를 악한 자의 시험과 공격에서 보호하시며, 끝까지 인도하십니다.

3. 삶에 적용하며:

신앙은 끊임없이 세워가야 할 믿음의 여정입니다. 바울은 믿음이 흔들리는 성도들에게 굳건한 믿음을 지키는 것이 중요함을 강조했습니다. 믿음은 기도와 말씀 속에서 더욱 단단해지며, 하나님과의 친밀한 관계 속에서 성장합니다. 자신의 믿음을 돌아보며 더욱 견고한 신앙을 세워 가기로 결단해 보십시오. 의심과 두려움이 마음을 흔들 때, 기도를 통해 하나님께 나아가 확신을 구하십시오. 믿음이 강한 사람은 자신의 힘을 의지하는 사람이 아니라, 하나님의 능력을 신뢰하는 사람임을 기억하십시오. 오늘도 하나님과 동행하며, 견고한 믿음 위에 굳게 서는 하루가 되기를 바랍니다.

4. 기도의 길잡이:

❶ 믿음을 지켜 달라는 기도

"하나님, 믿음이 흔들릴 때마다 주님을 더욱 의지하게 하시고, 어떤 상황에서도 주님을 신뢰하는 견고한 신앙을 갖도록 인도하여 주소서. 주님의 말씀 위에 굳게 서서 흔들리지 않게 하소서."

❷ 시험과 유혹 속에서 지켜 달라는 기도

"주님, 유혹과 시험이 저를 넘어뜨리지 못하도록 지켜 주시고, 악한 자의 공격에서 보호하여 주소서. 어떤 순간에도 주님의 뜻을 분별하며, 흔들림 없이 주님만을 바라보는 삶을 살게 하소서."

❸ 성령님의 도우심을 구하는 기도

"성령님, 제 마음을 새롭게 하시고, 끝까지 믿음을 지킬 수 있도록 저를 굳건히 붙잡아 주소서. 연약한 순간마다 주님의 도우심을 구하며 나아가게 하시고, 주님의 인도하심 안에서 온전한 신앙의 길을 걸어가게 하소서."

5. 믿음의 발걸음을 내디디며:

우리는 믿음을 지키기 쉽지 않은 시대를 살아가고 있습니다. 세상의 유혹과 시험이 끊임없이 다가오지만, 하나님께서는 우리의 믿음을 지켜 주시고 끝까지 보호하시는 신실한 분이십니다. 믿음은 우리의 노력만으로 지켜지는 것이 아니라, 하나님을 신뢰하며 기도를 통해 더욱 단단히 세워가는 것입니다.

하나님께서 믿음을 더욱 굳게 해 주시기를 간구하십시오. 시험과 어려움 속에서도 하나님의 임재를 신뢰하며, 담대하게 믿음의 길을 걸어가십시오.

하나님께서는 우리를 끝까지 붙드시며, 어떠한 상황 속에서도 흔들리지 않도록 지켜 주는 분이십니다. 오늘도 기도로 하나님께 나아가, 더욱 굳건한 믿음 위에 서는 하루가 되기를 바랍니다.

"기도는 우리 믿음을 더욱 단단하게 만드는 훈련이다."

❖ 오늘의 기도 미션

하나님께서 내 마음에 주신 기도 제목을 한 가지 적어보세요.

❖ 오늘 내 기도의 중심 구절

오늘 묵상한 말씀 중, 기도하며 붙잡고 싶은 한 구절을 적어보세요.

❖ 나의 기도와 응답 기록

오늘 하루 동안 기도하며 경험한 것들을 기록해 보세요.

15 디모데전서 (1 Timothy)

묵상 주제 **모든 사람을 위한 기도**
핵심 구절 디모데전서 2장 1절
"그러므로 내가 첫째로 권하노니 모든 사람을 위하여 간구와 기도와 도고와 감사를 하되."

1. 본문을 살피며:

디모데전서는 바울이 젊은 사역자 디모데에게 교회의 질서를 세우고 복음을 지켜 가는 데 필요한 목회적 지침을 전한 개인 서신입니다. 당시 디모데는 에베소교회에서 사역하고 있었고, 교회 안에는 거짓 교사들과 율법 논쟁, 기도의 혼란 등 영적 질서를 무너뜨리는 문제들이 있었습니다.

바울은 이러한 상황 속에서 가장 먼저 회복해야 할 것은 '기도의 자리'라고 말하며, 기도의 우선순위를 분명히 강조합니다.

"모든 사람을 위하여 간구와 기도와 도고와 감사를 하라." 이 말씀은 기도가 나 자신만을 위한 것이 아니라, 다른 이들을 위한 중보의 통로가 되어야 함을 보여 줍니다. 중보 기도는 사랑의 실천이며, 하나님의 뜻을 이루는 삶의 중요한 사명입니다.

2. 말씀을 품으며: 모든 사람을 위한 중보 기도를 통해 배우는 세 가지 교훈

❶ 중보 기도는 하나님께서 우리에게 맡기신 사명이다.

바울은 "첫째로 권하노니"라고 강조하며, 중보 기도가 신앙의 핵심적인 사명임을 가르칩니다. 기도는 하나님께서 우리에게 맡기신 거룩한 책임입니다. 우리는 기도를 통해 하나님의 마음을 품고, 다른 사람을 위해 간절히 간구해야 합니다.

❷ 중보 기도는 사랑의 실천이다.

우리가 다른 사람을 위해 기도할 때, 그들을 향한 하나님의 사랑을 더욱 깊이 경험하게 됩니다. 기도는 이웃을 사랑하는 가장 순수하고 강력한 방법입니다. 누군가를 위해 기도하는 것은 그들을 향한 하나님의 마음을 나누는 행위이며, 우리의 기도가 사랑의 손길이 되어 다른 이들에게 위로와 힘을 줄 수 있습니다.

❸ 중보 기도는 하나님의 역사에 동참하는 길이다.

성경 속 수많은 사건이 기도를 통해 이루어졌습니다. 하나님께서는 우리의 기도를 통해 일하시며, 그분의 뜻을 이 땅에 이루십니다. 우리가 기도로 나아갈 때, 하나님의 역사 속에 동참하는 자가 되며, 하나님의 뜻이 우리의 삶과 공동체 안에서 실현되도록 협력하는 자로 쓰임 받게 됩니다.

3. 삶에 적용하며:

기도는 나 자신만을 위한 것이 아니라, 다른 사람을 위한 사랑의 실천이기도 합니다. 바울은 성도들에게 모든 사람을 위해 기도하라고 권면하며, 특히 지도자들과 믿지 않는 이들을 위해 중보하라고 가르쳤습니다. 나의 필요뿐만 아니라, 다른 사람을 위해 기도하는 시간을 가져 보십시오. 가족, 친구, 교회 공동체와 사회와 국가, 믿지 않는 이들을 위해 기도하는 습관을 길러 보십시오. 중보 기도는 하나님의 사랑을 흘려보내는 귀한 통로이며, 우리가 하나님의 일에 동참하는 방법입니다.

4. 기도의 길잡이:

❶ 가족과 친구를 위한 기도

"하나님, 사랑하는 가족과 친구들이 주님의 은혜로 충만하게 하시고, 언제 어디서나 주님의 보호하심 안에서 살아가도록 인도하여 주소서. 그들의 삶 속에서 주님의 평안과 사랑을 깊이 경험하게 하시고, 믿음 안에서 더욱 강건해지도록 도와주소서."

❷ 교회와 공동체를 위한 기도

"주님, 우리 교회와 성도들이 하나님의 사랑과 진리를 따라 살아가며, 믿음 안에서 더욱 성숙하도록 인도해 주소서. 공동체 안에서 서로를 사랑하고 격려하며 하나 되어 주님의 영광을 나타내는 삶을 살게 하시고, 우리를 통해 세상이 주님의 빛을 보게 하소서."

❸ **나라와 민족을 위한 기도**

"하나님, 이 나라와 민족을 주님의 손에 올려드립니다. 정의와 평화가 강물처럼 흐르게 하시고, 이 땅을 다스리시는 하나님의 지혜와 은혜가 모든 지도자들에게 임하도록 인도하소서. 주님의 공의가 실현되며, 온 국민이 사랑과 화합으로 하나가 되는 복을 주소서."

5. 믿음의 발걸음을 내디디며:

우리는 종종 자신을 위한 기도에 집중하지만, 하나님께서는 우리를 부르셔서 다른 이들을 위해 기도하는 사명을 맡기셨습니다. 중보 기도는 하나님의 사랑을 실천하는 가장 강력한 방법이며, 우리의 기도를 통해 하나님의 뜻이 이 땅에 이루어집니다.

가까운 이웃과 세상을 위해 간절히 기도하십시오. 누군가의 연약함을 대신 짊어지고 기도할 때, 하나님께서 우리의 기도를 통해 역사하시고 놀라운 일들을 이루십니다.

하나님께서는 우리의 기도를 들으시며, 우리가 간구할 때 그분의 선하신 뜻을 이루시는 분이십니다. 오늘도 중보 기도를 통해 하나님의 마음을 품고, 그분의 뜻을 이루어가는 하루가 되기를 바랍니다.

"중보 기도는 하나님과 사람 사이에 서는 특권이다."

오늘의 기도 미션

하나님께서 내 마음에 주신 기도 제목을 한 가지 적어보세요.

오늘 내 기도의 중심 구절

오늘 묵상한 말씀 중, 기도하며 붙잡고 싶은 한 구절을 적어보세요.

나의 기도와 응답 기록

오늘 하루 동안 기도하며 경험한 것들을 기록해 보세요.

16 디모데후서(2 Timothy)

묵상 주제 끝까지 믿음을 지키는 기도
핵심 구절 디모데후서 4장 7절
"나는 선한 싸움을 싸우고 나의 달려갈 길을 마치고 믿음을 지켰으니."

1. 본문을 살피며:

디모데후서는 바울이 감옥에서 죽음을 앞두고, 사랑하는 제자 디모데에게 마지막으로 남긴 서신입니다. 그는 복음을 위해 자신의 삶을 헌신했으며, 마지막 순간까지 믿음을 지켰음을 담담히 고백합니다.

"나는 선한 싸움을 싸우고 나의 달려갈 길을 마치고 믿음을 지켰으니."

이 말씀은 신앙의 길을 끝까지 달려가는 것이 얼마나 중요한지를 보여줍니다. 믿음은 단거리 경주가 아니라, 끝까지 달려가야 할 경주입니다. 우리의 여정 속에서 수많은 어려움과 시험이 있지만, 기도는 우리로 하여금 끝까지 믿음을 지킬 힘을 얻게 하는 가장 강력한 도구입니다. 오늘 이 말씀을 묵상하며, 마지막까지 믿음을 지키는 기도가 왜 중요한지 깊이 생각해 보십시오.

2. 말씀을 품으며: 끝까지 믿음을 지키는 기도를 통해 배우는 세 가지 교훈

❶ 믿음의 여정은 영적 싸움이다.

바울은 신앙을 '선한 싸움'에 비유했습니다. 믿음의 길은 쉽지 않지만, 우리는 기도를 통해 영적 전쟁에서 승리할 수 있습니다.

❷ 기도는 끝까지 인내할 힘을 준다.

바울이 마지막까지 믿음을 지킬 수 있었던 이유는 기도의 삶을 살았기 때문입니다. 우리는 기도를 통해 주님께 의지할 때, 어떤 어려움도 견뎌낼 힘을 얻을 수 있습니다.

❸ 기도하는 사람은 하나님 앞에서 승리자가 된다.

세상적으로는 패배한 것처럼 보일지라도, 하나님 앞에서는 믿음을 지킨 사람이 승리자입니다. 우리의 신앙은 기도로 끝까지 지켜내는 것이 중요합니다.

3. 삶에 적용하며:

신앙은 매일의 삶 속에서 자라나는 믿음의 길입니다. 바울은 마지막 순간까지 선한 싸움을 싸우며 믿음을 지킨 삶이 성도의 사명임을 분명히 보여 주었습니다. 자신의 믿음을 돌아보며 하나님을 더욱 깊이 신뢰하는 시간을 가져 보십시오. 믿음이 흔들릴 수 있는 순간에도, 기도는 우리를 다시 하나님의 임재 앞으로 이끌어 줍니다. 하나님과의 깊은 교제를 이어가는 기도는 우리의 마음을 붙들고, 영적으로 깨어 있도록 도와줍니다. 작은 일상 속에서도 기도의 자리를 지키며 믿음의 중심을 견고히 세워 가십시오. 끝까지 믿음을 지키는 자에게 하나님은 반드시 승리를 허락하십니다.

4. 기도의 길잡이:

❶ 믿음을 끝까지 붙드는 기도

"하나님, 제 삶의 마지막 순간까지 믿음을 굳게 지키며 흔들리지 않는 신앙을 갖게 하소서. 어떤 상황에서도 주님을 신뢰하며, 주님의 약속을 확신하며 살아가게 하소서. 날마다 주님의 은혜 안에서 믿음이 더욱 깊어지게 하소서."

❷ 영적 싸움에서 승리하는 기도

"주님, 신앙의 경주를 끝까지 달려갈 힘을 허락하시고, 시험과 유혹이 다가올 때 주님의 능력으로 이겨내게 하소서. 믿음이 연약해질 때마다 성령님의 도우심을 경험하게 하시고, 끝까지 승리하는 삶을 살게 해주시기를 간구합니다."

❸ 마지막까지 충성하는 기도

"하나님, 제 삶이 언제나 주께 충성되기를 원합니다. 마지막 순간까지 주님과 동행하며, 맡겨진 사명을 신실하게 감당하도록 인도하여 주소서. 제 모든 걸음이 주님의 뜻 안에서 이루어지게 하시고, 삶의 끝까지 주님을 향한 충성을 다하게 하소서."

5. 믿음의 발걸음을 내디디며:

신앙은 오랜 시간 인내하며 자라나는 여정입니다. 날마다 하나님을 의지하며 믿음을 쌓아갈 때, 우리는 흔들림 없이 끝까지 신앙을 지킬 힘을 얻게 됩니다. 우리의 기도는 믿음을 더욱 굳게 세우는 토대이며, 하나님께서는 그 기도를 통해 우리를 강하게 붙드십니다.

끝까지 믿음을 지킬 수 있도록 하나님께 간구하십시오. 신앙의 경주에서 낙심하지 않고, 기도의 능력으로 승리하는 삶을 결단하십시오.

하나님께서는 우리를 끝까지 지키시며, 영광의 면류관을 예비하신 신실한 분이십니다. 오늘도 기도를 통해 믿음을 더욱 굳건히 붙들고, 하나님과 동행하는 하루가 되기를 바랍니다.

"기도는 믿음을 지키는 가장 강력한 무기이다."

오늘의 기도 미션
하나님께서 내 마음에 주신 기도 제목을 한 가지 적어보세요.

오늘 내 기도의 중심 구절
오늘 묵상한 말씀 중, 기도하며 붙잡고 싶은 한 구절을 적어보세요.

나의 기도와 응답 기록
오늘 하루 동안 기도하며 경험한 것들을 기록해 보세요.

17 디도서 (Titus)

묵상 주제 선한 삶을 위한 기도
핵심 구절 디도서 3장 8절

"이 말이 미쁘도다 원하건대 너는 이 여러 것에 대하여 굳세게 말하라 이는 하나님을 믿는 자들로 하여금 조심하여 선한 일을 힘쓰게 하려 함이라 이것은 아름다우며 사람들에게 유익하니라."

1. 본문을 살피며:

디도서는 바울이 그레데 섬에서 사역하던 디도에게 보낸 목회서신으로, 신앙 공동체 안에 건전한 교리와 올바른 삶의 열매가 함께 세워져야 함을 강조합니다. 그레데 지역은 도덕적으로 매우 타락한 문화적 배경을 가지고 있었습니다. 바울은 디도에게 장로를 세우고, 교훈에 합당한 삶을 가르치며, 성도들이 복음에 합당한 선한 행실을 실천하도록 지도하라고 권면합니다.

"이것이 선하고 사람들에게 유익하니라."

선한 행실은 성도의 삶에서 자연스럽게 흘러나와야 하는 열매이며, 그 실천은 기도를 통해 하나님의 도우심과 능력을 구하는 자리에서 시작됩니다.
오늘 우리는 이 말씀을 통해, 하나님의 선하심을 따라 살아가는 삶이 기도 안에서 준비되고, 삶 속에서 실현되어야 함을 묵상해 보겠습니다.

2. 말씀을 품으며: 선한 삶을 위한 기도를 통해 배우는 세 가지 교훈

❶ 선한 삶은 기도로부터 시작된다.

바울은 성도들에게 삶의 모든 영역에서 선한 행실을 실천할 것을 권면합니다. 그러나 인간의 힘만으로 선을 행하는 것은 어렵기 때문에, 우리는 기도를 통해 하나님의 도우심을 구해야 합니다.

❷ 기도할 때 우리의 마음이 선하게 변화된다.

선한 삶은 외적인 행위뿐만 아니라, 내면의 변화에서 시작됩니다. 기도는 우리의 생각과 태도를 변화시키며, 하나님의 뜻에 맞는 삶을 살도록 도와줍니다.

❸ 선한 삶은 우리의 신앙을 드러내는 증거이다.

바울은 우리가 선한 행실로 세상에 유익을 끼쳐야 한다고 강조합니다. 우리의 기도는 우리 자신뿐만 아니라, 이웃을 위한 사랑과 섬김으로 이어져야 합니다.

3. 삶에 적용하며:

신앙은 우리의 삶을 통해 나타나야 합니다. 믿음이 깊어질수록 우리의 말과 행동 속에서 선한 열매가 맺어지며, 그 영향력이 주변으로 흘러가게 됩니다. 바울은 성도들에게 선한 일을 힘써 행하며, 이웃에게 유익을 주는 삶을 살아가도록 권면했습니다. 그리스도인은 자신만을 위해 살아가는 존재가 아닙니다. 하나님께 받은 은혜를 나누고, 선한 영향력을 끼치며, 세상 속에서 빛과 소금의 역할을 감당하는 사람입니다.

작은 일에서도 사랑을 실천하며, 우리의 말과 행동을 통해 하나님의 영광이 드러나도록 노력해 보십시오. 선한 삶은 우리의 의지만으로 지속될 수 없습니다. 기도를 통해 하나님의 도우심을 구할 때, 우리의 행실은 더욱 깊어지고 풍성해집니다. 오늘도 하나님의 사랑을 실천하며, 주님의 선하심을 세상에 전하는 하루가 되기를 소망합니다.

4. 기도의 길잡이:

❶ 하나님의 성품을 닮아가는 기도

"주님, 제 삶이 주님의 선하심과 거룩함을 닮아가게 하소서. 모든 순간에 사랑과 자비를 실천하며, 제 안에 계신 주님의 성품이 자연스럽게 드러나도록 인도하여 주소서. 주님의 마음을 품고, 말과 행동으로 주님을 나타내는 삶을 살게 하소서."

❷ 선한 행실로 신앙을 나타내는 기도

"하나님, 제 믿음이 행동으로도 나타나기를 원합니다. 오늘 제 삶을 통해 주님의 사랑이 흘러가게 하시고, 작은 선한 실천이 누군가에게 위로와 희망이 되게 하소서. 제 삶이 주님의 복음을 증거하는 통로가 되게 하소서."

❸ 다른 사람들에게 유익이 되는 기도

"주님, 제 하루가 누군가에게 힘이 되고, 주님의 사랑과 은혜를 흘려보내는 시간이 되게 하소서. 주님의 마음으로 사람들을 대하게 하시고, 저를 주님의 영광을 나타내는 도구로 사용하여 주소서."

5. 믿음의 발걸음을 내디디며:

신앙은 일상 속에서 선한 열매로 나타나야 합니다. 바울이 강조한 것처럼, 우리의 선한 행실은 하나님을 신뢰하며 기도할 때 자연스럽게 흘러나오고, 우리의 삶을 통해 하나님의 사랑과 은혜가 드러나게 됩니다.

선한 삶을 위한 기도를 올려드리십시오. 하나님의 선하심을 본받아 작은 실천을 통해 사랑을 나누고, 주변 사람들에게 유익을 끼치는 삶을 살아가십시오.

하나님께서는 우리를 선한 삶으로 부르셨으며, 우리의 기도를 통해 세상을 변화시키시는 분이십니다. 오늘도 기도 속에서 하나님의 마음을 품고, 선한 열매를 맺으며 주님의 뜻을 이루는 하루가 되기를 바랍니다.

"우리가 하나님의 은혜로 변화되었다면,
기도는 선한 삶을 향한 우리의 발걸음을 인도할 것이다."

❖ 오늘의 기도 미션
하나님께서 내 마음에 주신 기도 제목을 한 가지 적어보세요.

❖ 오늘 내 기도의 중심 구절
오늘 묵상한 말씀 중, 기도하며 붙잡고 싶은 한 구절을 적어보세요.

❖ 나의 기도와 응답 기록
오늘 하루 동안 기도하며 경험한 것들을 기록해 보세요.

18 빌레몬서 (Philemon)

묵상 주제 용서를 위한 기도
핵심 구절 빌레몬서 1장 8-9절
"그러므로 내가 주 안에서 아주 담대하게 네게 마땅한 일로 명할 수도 있으나, 도리어 사랑으로써 네게 간구하노라."

1. 본문을 살피며:

빌레몬서는 바울이 자신의 동역자인 빌레몬에게 보낸 짧지만 깊이 있는 메시지를 담고 있는 서신입니다. 이 편지의 핵심은 용서와 화해이며, 바울은 도망친 종 오네시모를 다시 받아들이기를 사랑으로 권면합니다.

"그러므로 내가 주 안에서 아주 담대하게 네게 마땅한 일로 명할 수도 있으나, 도리어 사랑으로써 네게 간구하노라."

바울은 빌레몬에게 명령할 권위가 있었지만, 강요하는 대신 사랑과 기도를 통해 간청하며 용서의 본을 보였습니다. 오늘 이 말씀을 묵상하며, 기도를 통해 용서를 실천하고 화해를 이루는 삶이 얼마나 중요한지 깊이 생각해 보십시오.

2. 말씀을 품으며: 용서를 위한 기도를 통해 배우는 세 가지 교훈

❶ 용서는 기도를 통해 이루어진다.

바울은 빌레몬이 오네시모를 기도로 받아들이고 용서하기를 간절히 구했습니다. 우리도 기도할 때, 용서할 힘을 얻고, 마음이 하나님께로 열립니다.

❷ 용서는 사랑의 실천이다.

바울은 빌레몬에게 사랑의 자세로 용서할 것을 요청했습니다. 우리도 기도 속에서 하나님의 사랑을 경험하고, 용서를 실천하는 마음을 배울 수 있습니다.

❸ 용서는 하나님 앞에서의 신앙 고백이다.

빌레몬은 오네시모를 종이 아닌 형제로 받아들이는 결단 앞에 서 있었습니다. 용서는 우리가 받은 은혜를 삶으로 드러내는 실천입니다. 진정한 용서는 믿음으로 순종할 때 가능해집니다.

3. 삶에 적용하며:

용서는 결코 쉬운 일이 아니지만, 하나님께서 우리를 먼저 용서하셨기에 믿음 안에서 반드시 실천해야 할 삶의 태도입니다. 예수님은 원수를 사랑하고 용서하라고 가르치셨고, 십자가 위에서도 용서의 기도를 올리셨습니다. 그 사랑과 용서는 오늘 우리에게도 여전히 유효합니다.

마음속 깊이 남아 있는 미움과 상처를 하나님께 맡겨 보십시오. 용서하지 못한 감정을 솔직히 주님께 아뢰며, 그분의 은혜 안에서 마음의 평안을 누릴 수 있도록 기도해 보십시오. 기도는 용서의 마음을 열고, 하나님의 시선으로 사람을 바라보게 합니다. 오늘도 그 기도를 통해 자유함으로 나아가기를 소망합니다.

4. 기도의 길잡이:

❶ 용서할 마음을 구하는 기도

"하나님, 제 마음이 상처와 분노에 갇히지 않도록 도와주시고, 주님의 사랑으로 용서할 수 있는 넉넉한 마음을 허락하소서. 주께서 저를 먼저 용서하셨듯이, 저도 용서의 은혜를 실천하게 하시고, 주님의 자비를 닮아가게 하소서."

❷ 화해를 위한 기도

"주님, 갈등과 오해 속에서도 용서를 선택할 수 있는 지혜와 용기를 주소서. 제 안의 상처와 아픔을 주님의 평안으로 회복시키시고, 제 입술과 행동이 화해를 이루는 도구가 되게 하소서. 주님의 사랑으로 관계를 회복하며, 평화를 이루는 자로 살아가게 하소서."

❸ 용서와 사랑을 실천하는 기도

"하나님, 저를 먼저 용서하신 주님의 크신 은혜를 기억하며, 저도 다른 사람을 용서하고 사랑할 수 있도록 제 마음을 열어 주소서. 미움과 원망을 내려놓고, 주님의 사랑으로 품으며 살아가게 하소서. 제 삶이 용서와 사랑을 나타내는 통로가 되어, 주님의 영광을 드러내게 하소서."

5. 믿음의 발걸음을 내디디며:

우리는 때때로 용서하는 것이 너무 어렵게 느껴집니다. 그러나 하나님께서 먼저 우리를 용서하셨고, 그 은혜 안에서 우리도 기도를 통해 용서할 수 있는 힘을 얻게 됩니다. 용서는 하나님의 사랑을 깊이 경험할 때 자연스럽게 흘러나오는 은혜의 열매입니다.

용서하는 마음을 달라고 하나님께 기도하십시오. 하나님의 용서를 깊이 경험하며, 작은 실천을 통해 용서를 배우고 사랑을 나누는 걸음을 내딛어 보십시오.

하나님께서는 우리의 기도를 들으시고, 상처를 치유하시며, 용서를 통해 관계를 회복시키시는 분이십니다. 오늘도 기도를 통해 용서의 삶을 실천하며, 하나님의 사랑과 화해의 은혜를 전하는 하루가 되기를 바랍니다.

"용서는 감정이 아니라 결단이며,
용서를 위한 기도는 하나님께서 우리를 자유롭게 하시는 과정이다."

∷ 오늘의 기도 미션

하나님께서 내 마음에 주신 기도 제목을 한 가지 적어보세요.

∷ 오늘 내 기도의 중심 구절

오늘 묵상한 말씀 중, 기도하며 붙잡고 싶은 한 구절을 적어보세요.

∷ 나의 기도와 응답 기록

오늘 하루 동안 기도하며 경험한 것들을 기록해 보세요.

하나님, 정말 나를 듣고 계신가요?

5부

→ **답답한 순간, 신앙을 지키는 기도**

19. 히브리서 **은혜의 보좌 앞으로 나아가는 기도** (히4:16)
20. 야고보서 **믿음으로 드리는 간구의 기도** (약1:5-6)
21. 베드로전서 **근신하며 깨어 기도하는 삶** (벧전4:7)
22. 베드로후서 **영적 성장을 위한 기도** (벧후1:5-7)

19 히브리서 (Hebrews)

묵상 주제 은혜의 보좌 앞으로 나아가는 기도
핵심 구절 히브리서 4장 16절
"그러므로 우리는 긍휼하심을 받고 때를 따라 돕는 은혜를 얻기 위하여 은혜의 보좌 앞에 담대히 나아갈 것이니라."

1. 본문을 살피며:

히브리서는 예수 그리스도의 위대하심과 그분을 믿는 믿음의 여정을 끝까지 지켜야 함을 강조하는 서신입니다. 특히 유대 전통 속에서 살아가던 성도들에게 예수님이 율법보다, 제사보다, 천사보다 뛰어나신 참된 대제사장이심을 선포합니다.

당시 성도들은 박해와 유혹 속에서 낙심하거나 다시 유대교로 돌아가려는 시험에 놓여 있었습니다. 히브리서 기자는 이런 상황 속에서 예수님을 통해 하나님께 직접 나아갈 수 있는 새롭고 산 길이 열렸음을 전합니다.

바로 그 예수님 안에서 우리는 은혜의 보좌 앞에 담대히 나아갈 수 있는 특권을 얻었습니다. 예수님은 우리의 연약함을 아시는 분이며, 우리를 대신해 하나님 앞에서 중보하시는 대제사장이십니다. 기도는 두려움으로 머뭇거리는 자리를 지나 믿음으로 담대하게 나아가는 응답의 길입니다.

오늘 이 말씀을 통해, 기도는 하나님께서 이미 길을 열어 주신 은혜의 자리로 신뢰함으로 걸어 들어가는 믿음의 발걸음임을 깊이 묵상해 보십시오.

2. 말씀을 품으며: 은혜의 보좌 앞으로 나아가는 기도를 통해 배우는 세 가지 교훈

❶ 기도는 하나님 앞에 나아가는 길이다.

기도는 예수님의 보혈로 누구든지 들어갈 수 있는 은혜의 자리입니다. 하나님께서는 우리의 현재 모습이 어떠하든지 언제나 기도로 나아가기를 원하십니다.

❷ 기도는 하나님의 긍휼과 도우심을 경험하는 시간이다.

기도는 우리를 돕고 은혜를 베푸시는 하나님의 손길을 깊이 만나는 시간입니다. 우리의 연약함을 아시는 하나님께서는 우리가 부르짖을 때 긍휼을 베푸시고, 필요할 때마다 도우십니다.

❸ 기도는 확신을 가지고 나아가는 것이 중요하다.

하나님께서는 우리가 머뭇거리지 않고 담대하게 기도하기를 바라십니다. 연약함이나 부족함을 느낄 때 기도를 미루기보다, 더욱 하나님께 나아가 그분의 자비와 사랑을 경험하는 것이 중요합니다.

3. 삶에 적용하며:

우리의 연약함과 필요를 해결할 수 있는 가장 확실한 길은 하나님의 은혜의 보좌 앞으로 나아가는 것입니다. 히브리서는 우리가 담대히 하나님께 나아가면 때를 따라 돕는 은혜를 얻을 수 있다고 가르칩니다. 나의 연약함을 숨기지 말고, 하나님의 은혜를 간구하며 기도해 보십시오. 스스로 해결하려 하지 말고, 하나님의 도우심을 구하며 신뢰하는 마음으로 나아가십시오. 하나님께서는 우리의 작은 기도에도 응답하시며, 그분의 은혜로 우리를 채우십니다.

4. 기도의 길잡이:

❶ 하나님의 은혜를 구하는 기도

"하나님, 저를 긍휼히 여기시고, 어떤 순간에도 주님의 은혜를 의지하며 담대히 은혜의 보좌 앞에 나아가게 하소서. 연약한 저를 주님의 사랑으로 붙드시고, 날마다 은혜 가운데 거하게 하소서."

❷ 기도의 확신을 구하는 기도

"주님, 저의 기도를 들으시는 신실하신 하나님을 신뢰하며, 두려움 없이 주께 나아가게 하소서. 주께서 가장 선한 길로 응답하심을 믿으며, 흔들리지 않는 믿음을 더하여 주소서."

❸ 하나님의 도우심을 경험하는 기도

"하나님, 제 연약함을 아시는 주께서 때마다 필요한 은혜를 허락하시고, 기도를 통해 주님과 더욱 깊은 교제를 누리게 하소서. 모든 순간 주님의 도우심을 경험하며, 믿음으로 나아가게 하소서."

5. 믿음의 발걸음을 내디디며:

때때로 우리는 기도할 때 망설이거나 두려움을 느낄 때가 있습니다. 그러나 예수님이 십자가를 통해 하나님께 나아갈 길을 열어 주셨으므로, 우리는 언제든지 주님의 은혜의 보좌 앞에 담대히 나아갈 수 있습니다. 기도는 우리의 연약함에도 불구하고, 하나님께서 우리를 친히 초대하시며 긍휼과 도우심을 베푸시는 복된 자리입니다.

주저함 없이 하나님의 은혜의 보좌 앞으로 나아가 기도하십시오. 우리의 기도를 들으시는 하나님을 신뢰하며, 그분의 긍휼과 능력을 깊이 경험하는 시간을 보내십시오.

하나님께서는 우리의 기도를 외면하지 않으시며, 가장 좋은 것으로 응답하시는 신실하신 분이십니다. 오늘도 담대히 하나님께 나아가 기도의 능력을 체험하며, 주님의 은혜 안에서 거하는 하루가 되기를 바랍니다.

*"기도는 우리가 하나님의 은혜를 구할 수 있도록
하늘의 문을 여는 통로이다."*

❖ 오늘의 기도 미션

하나님께서 내 마음에 주신 기도 제목을 한 가지 적어보세요.

❖ 오늘 내 기도의 중심 구절

오늘 묵상한 말씀 중, 기도하며 붙잡고 싶은 한 구절을 적어보세요.

❖ 나의 기도와 응답 기록

오늘 하루 동안 기도하며 경험한 것들을 기록해 보세요.

20 야고보서 (James)

묵상 주제 믿음으로 드리는 간구의 기도
핵심 구절 야고보서 1장 5-6절

"너희 중에 누구든지 지혜가 부족하거든 모든 사람에게 후히 주시고 꾸짖지 아니하시는 하나님께 구하라 그리하면 주시리라 오직 믿음으로 구하고 조금도 의심하지 말라 의심하는 자는 마치 바람에 밀려 요동하는 바다 물결 같으니."

1. 본문을 살피며:

야고보서는 흩어진 유대인 그리스도인 공동체에게 보내진 서신으로, 삶으로 증명되는 참된 믿음을 강조합니다. 특히 말과 행동, 시련과 유혹 앞에서 신앙이 어떻게 구체적인 삶으로 이어져야 하는지를 강하게 권면합니다.

그 중심에는 기도가 있습니다. 야고보는 기도는 하나님을 전적으로 신뢰하는 믿음의 표현이며, 삶의 방향과 태도를 드러내는 중요한 신앙 행위라고 강조합니다.

"오직 믿음으로 구하고, 조금도 의심하지 말라."

의심이 섞인 기도는 마치 바람에 밀려 흔들리는 파도와 같다고 하며, 기도하는 자는 하나님의 성품과 신실하심에 대한 확신을 품고 나아가야 함을 가르칩니다. 오늘 우리는 이 말씀을 통해, 기도는 하나님을 어떤 분으로 믿고 있는지를 보여주는 믿음의 고백임을 묵상하게 됩니다. 신뢰로 드리는 기도는 삶을 변화시키고, 하나님의 뜻을 따라 살아가도록 인도합니다.

2. 말씀을 품으며: 믿음으로 기도하는 삶을 통해 배우는 세 가지 교훈

❶ 믿음의 기도는 하나님을 신뢰하는 것이다.

하나님께서는 우리의 기도를 들으시며, 가장 좋은 것으로 응답하십니다. 기도할 때 의심하지 않고, 하나님의 뜻을 신뢰하며 간구해야 합니다.

❷ 믿음의 기도는 인내와 기다림을 필요로 한다.

기도의 응답이 즉각적으로 오지 않을 수도 있지만, 하나님께서 가장 좋은 때에 이루십니다. 인내하며 기도하는 것이 믿음의 기도의 중요한 요소입니다.

❸ 믿음의 기도는 능력 있는 기도이다.

야고보는 엘리야의 기도를 예로 들며, 믿음의 기도가 얼마나 강력한지를 가르칩니다(야고보서 5:16-18). 기도는 하나님께서 일하시도록 움직이는 능력의 도구입니다.

3. 삶에 적용하며:

기도는 하나님을 신뢰하는 믿음의 표현입니다. 야고보는 의심 없이 믿음으로 기도할 때, 하나님께서 응답하신다고 강조했습니다. 믿음의 기도는 하나님의 신실하심을 바라보는 것입니다. 오늘 기도할 때, 눈앞에 보이는 현실이 아니라 하나님의 선하심을 신뢰하며 담대히 나아가 보십시오.

믿음으로 드리는 기도는 우리의 환경을 바꿀 뿐만 아니라, 무엇보다 우리 자신의 내면을 변화시키는 강력한 능력이 있습니다. 오늘도 하나님을 신뢰하며, 믿음으로 기도하는 하루가 되기를 바랍니다.

4. 기도의 길잡이:

❶ 하나님을 신뢰하는 기도

"주님, 제 마음이 흔들릴 때도, 주님의 신실하심을 기억하며 기도하게 하소서. 눈앞의 환경을 바라보지 않게 하시고, 변함없는 하나님의 약속을 바라보며 끝까지 믿음으로 나아가게 하소서. 모든 상황 속에서 주님을 신뢰하며 담대히 기도하는 자가 되게 하소서."

❷ 인내하며 기다리는 기도

"하나님, 기도의 응답이 더디게 느껴질 때에도 조급해하지 않도록 도와주시고, 주님의 때를 신뢰하며 인내하는 믿음을 갖게 하소서. 기다림 속에서도 주님의 뜻을 구하며 더욱 가까이 나아가게 하시고, 모든 과정 속에서 주님의 계획을 깨닫는 은혜를 허락하소서."

❸ 능력 있는 기도를 위한 기도

"주님, 제 기도가 형식적인 습관이 아니라, 믿음과 성령의 능력이 담긴 살아있는 기도가 되게 하소서. 주님의 뜻을 구하며 간구할 때, 하나님의 역사하심을 경험하게 하시고, 주님의 능력이 제 삶을 통해 선명하게 나타나도록 이끌어 주소서."

5. 믿음의 발걸음을 내디디며:

우리는 기도하면서도 때때로 의심과 불안을 품을 때가 있습니다. 그러나 하나님께서는 우리의 연약함을 아시며, 신실하게 우리의 기도를 들으시고 응답하시는 분이십니다. 기도는 하나님을 전적으로 신뢰하는 믿음의 표현이며, 그 믿음을 통해 하나님께서 놀라운 일을 이루십니다.

의심을 내려놓고 믿음으로 기도하는 결단을 내리십시오. 하나님의 선하심을 신뢰하며, 확신을 가지고 기도의 자리로 나아가십시오.

하나님께서는 우리의 믿음의 기도를 통해 일하시고, 우리의 삶을 변화시키시는 분이십니다. 오늘도 흔들림 없는 믿음으로 하나님께 나아가 기도하며, 응답의 기쁨을 경험하는 하루가 되기를 바랍니다.

"큰 믿음이 아니어도 된다.
하지만 믿음이 있는 기도는 반드시 응답을 받는다."

오늘의 기도 미션

하나님께서 내 마음에 주신 기도 제목을 한 가지 적어보세요.

오늘 내 기도의 중심 구절

오늘 묵상한 말씀 중, 기도하며 붙잡고 싶은 한 구절을 적어보세요.

나의 기도와 응답 기록

오늘 하루 동안 기도하며 경험한 것들을 기록해 보세요.

21 베드로전서 (1 Peter)

묵상 주제 근신하며 깨어 기도하는 삶
핵심 구절 베드로전서 4장 7절
"만물의 마지막이 가까이 왔으니 그러므로 너희는 정신을 차리고 근신하여 기도하라."

1. 본문을 살피며:

베드로전서는 초대교회 성도들이 겪는 핍박과 고난의 현실 속에서 끝까지 믿음을 지켜야 한다는 강한 권면을 담고 있습니다. 특히 낯선 땅에서 '나그네'로 살아가던 성도들에게 참된 소망은 하늘에 있으며, 이 땅에서는 깨어 있는 삶이 필요하다는 메시지를 전합니다. 베드로는 종말의 시대를 사는 성도들에게 정신을 차리고, 마음을 다잡아 기도의 자리를 지키는 것이 무너져 가는 세상 속에서도 영적으로 흔들리지 않는 길임을 강조합니다.

"만물의 마지막이 가까이 왔으니, 그러므로 너희는 정신을 차리고 근신하여 기도하라."

이 말씀은 위기의 때일수록 더욱 깨어 있어야 함을 일깨우며, 기도는 삶을 견디는 힘이자, 하나님의 뜻을 분별하고 실천하는 성도의 반응임을 보여줍니다. 오늘 우리는 이 말씀을 통해, 기도가 우리의 일상 속에서 어떻게 깨어 있게 하고, 믿음을 끝까지 지켜 가는 데 어떤 역할을 하는지를 깊이 묵상하겠습니다.

2. 말씀을 품으며: 근신하며 깨어 기도하는 삶을 통해 배우는 세 가지 교훈

❶ 기도는 영적 전쟁에서 승리하는 무기이다.

우리의 믿음을 흔드는 유혹과 시험이 곳곳에 존재합니다. 기도는 영적으로 깨어 있도록 도와주며, 마귀의 공격을 이길 수 있는 강력한 무기가 됩니다.

❷ 기도는 우리의 마음을 다잡고 근신하게 만든다.

기도는 혼란스러운 생각을 정리하고, 하나님께 집중할 수 있도록 돕는 역할을 합니다. 세상의 염려와 걱정이 마음을 무겁게 할 때, 기도를 통해 영혼을 새롭게 하며 평안을 누릴 수 있습니다.

❸ 기도하는 사람은 하나님과 동행하는 삶을 산다.

깨어 기도하는 것은 하나님과의 친밀한 관계를 유지하는 길입니다. 하나님께서는 언제나 깨어 기도하는 자를 통해 역사하시며, 그의 삶을 인도하십니다.

3. 삶에 적용하며:

신앙의 삶은 언제나 평탄하지 않으며, 영적으로 깨어 있어야 할 때가 많습니다. 베드로는 마지막 때가 가까울수록 근신하며 깨어 기도할 것을 강조했습니다. 믿음이 흔들릴 때에도, 기도하는 사람은 하나님과 동행하며 영적으로 더욱 단단해집니다. 자신의 영적 상태를 점검하고, 하나님 앞에 나아가 깨어 기도하는 시간을 갖아보십시오. 바쁜 일상 속에서도 하나님과의 교제를 가장 소중히 여기며, 꾸준히 기도의 자리를 지켜 나가십시오. 기도는 우리 영혼을 강건하게 하는 영적 무기임을 기억하며, 오늘도 영혼을 근신하고 깨어 하나님의 인도하심을 구하는 하루가 되기를 소망합니다.

4. 기도의 길잡이:

❶ 영적으로 깨어 있기 위한 기도

"주님, 제 영혼이 나태해지지 않도록 날마다 새 힘을 부어 주소서. 기도를 통해 주님과 더욱 깊이 동행하며, 언제나 깨어 있는 믿음의 사람이 되게 하소서. 주님의 말씀과 성령의 능력으로, 영적으로 충만한 삶을 살게 하소서."

❷ 근신하며 기도하는 마음을 위한 기도

"하나님, 제 마음이 세상의 염려와 유혹으로 흔들리지 않도록 지켜 주소서. 언제나 기도로 마음을 다스리며, 주님 앞에서 온전히 바로 서게 하시고, 삶의 모든 순간에 주님을 의지하는 신앙을 갖게 하소서."

❸ 영적 전쟁에서 승리하는 기도

"주님, 이 시대 속에서 믿음을 굳게 지키며 깨어 기도하는 사람이 되게 하소서. 어떤 유혹과 시험이 다가와도 흔들리지 않고, 성령의 능력으로 영적 싸움에서 승리하게 하소서. 모든 순간 주님의 진리 안에서 담대하게 나아가게 하소서."

5. 믿음의 발걸음을 내디디며:

바쁜 일상 속에서 우리는 기도의 자리를 쉽게 놓치곤 합니다. 그러나 주님께서 다시 오실 날이 가까운 이때에, 성도는 무엇보다 깨어 기도하는 삶에 힘써야 합니다. 기도는 하나님과의 관계를 지키는 믿음의 호흡이며, 영적인 분별력과 흔들림 없는 중심을 세우는 통로입니다.

마음을 다잡고 조용히 하나님 앞에 나아가 보십시오. 주님과의 깊은 교제를 회복하고, 모든 염려와 상황을 기도 가운데 맡기며 걸어가십시오. 하나님은 깨어 기도하는 자를 통해 일하시고, 그 기도를 통해 우리의 믿음을 더욱 단단하게 세우십니다.

오늘도 기도의 끈을 굳게 붙들고, 하나님의 뜻 안에 머무는 복된 하루를 걸어가시기 바랍니다.

"기도하는 사람은 영적으로 깨어 있는 사람이다."

오늘의 기도 미션

하나님께서 내 마음에 주신 기도 제목을 한 가지 적어보세요.

오늘 내 기도의 중심 구절

오늘 묵상한 말씀 중, 기도하며 붙잡고 싶은 한 구절을 적어보세요.

나의 기도와 응답 기록

오늘 하루 동안 기도하며 경험한 것들을 기록해 보세요.

22 베드로후서 (2 Peter)

묵상 주제 **영적 성장을 위한 기도**
핵심 구절 베드로후서 1장 5-7절
"그러므로 너희가 더욱 힘써 너희 믿음에 덕을, 덕에 지식을, 지식에 절제를, 절제에 인내를, 인내에 경건을, 경건에 형제 우애를, 형제 우애에 사랑을 더하라."

1. 본문을 살피며:

베드로후서는 성도들에게 거짓 교사와 세상의 유혹을 경계하며, 영적으로 더욱 성장할 것을 권면하는 서신입니다. 베드로는 믿음 위에 덕, 지식, 절제, 인내, 경건을 더하는 것이 신앙 성장의 핵심임을 강조하며, 이를 위해 기도하라고 권면합니다.

"그러므로 더욱 힘써 너희 믿음에 덕을, 덕에 지식을, 지식에 절제를, 절제에 인내를, 인내에 경건을 더하라."

영적 성장은 한순간에 이루어지는 것이 아니라, 기도를 통해 차곡차곡 다져 나가는 여정입니다. 오늘 이 말씀을 깊이 묵상하며, 기도를 통해 신앙이 성장하는 과정이 어떻게 이루어지는지 깊이 생각해 보십시오.

2. 말씀을 품으며:

❶ 영적 성장은 기도 속에서 이루어진다.

신앙이 성숙해지려면 기도로 하나님과 교제하는 시간이 필요합니다. 기도는 우리의 영혼을 깨우고, 신앙을 더욱 깊이 성장하게 하는 원동력입니다.

❷ 기도할 때 우리는 성령님의 인도하심을 받는다.

영적 성장은 자기 노력만으로 이루어지는 것이 아닙니다. 성령께서 기도하는 사람을 변화시키시며, 하나님의 뜻을 깨닫게 하십니다.

❸ 기도는 인내와 경건을 키우는 도구이다.

신앙은 꾸준한 훈련을 통해 자라나는 것입니다. 기도를 통해 우리의 인내심이 자라며, 하나님을 더욱 경외하는 삶을 살게 됩니다.

3. 삶에 적용하며:

신앙은 끊임없이 성장해야 하는 여정과 같습니다. 베드로는 성도들에게 하나님의 은혜와 지식에서 자라가라고 권면했습니다. 영적 성장은 우리의 노력만으로 되는 것이 아닌 기도를 통해 하나님의 도우심을 받을 때 이루어집니다. 자신의 신앙을 점검하고, 하나님과 더욱 가까워지는 시간을 가져 보십시오. 말씀을 묵상하고, 기도를 통해 하나님의 뜻을 구하며 성숙한 믿음으로 나아가십시오. 신앙의 성장은 하루하루 하나님과 동행할 때 자연스럽게 이루어집니다. 오늘도 하나님과 함께하며, 영적으로 한 걸음 더 성장하는 하루가 되기를 소망합니다.

4. 기도의 길잡이:

❶ 신앙의 성장을 위한 기도

"하나님, 제 믿음이 날마다 깊어지고 성숙해지도록 인도하여 주소서. 주님의 말씀을 굳게 붙들고, 어떠한 상황 속에서도 흔들리지 않는 신앙을 세워가게 하시며, 더욱 주님을 닮아가는 삶을 살게 하소서."

❷ 성령님의 인도하심을 구하는 기도

"주님, 기도할 때 성령님의 세미한 음성을 듣게 하시고, 하나님의 뜻을 분별하는 지혜를 허락하여 주소서. 신앙이 성장할수록 더욱 겸손하게 주님의 길을 따르게 하시고, 온전히 주님께 순종하는 믿음을 갖게 하소서."

❸ 인내와 경건을 위한 기도

"하나님, 고난의 순간에도 인내하며 주님을 신뢰하게 하시고, 제 삶이 주님의 향기로 가득하도록 이끌어 주소서. 모든 상황 속에서 주님의 성품을 닮아가며, 경건과 사랑으로 주님의 영광을 나타내는 삶을 살게 하소서."

5. 믿음의 발걸음을 내디디며:

신앙은 멈추지 않고 자라가야 합니다. 베드로는 믿음 위에 덕을, 덕 위에 지식을 더하라고 권면하며 성도의 삶이 계속해서 자라고 깊어져야 함을 가르칩니다. 이 성장의 여정은 우리 힘만으로 되는 것이 아닙니다. 우리가 기도로 하나님께 나아갈 때, 성령께서 우리를 도우시고 신앙을 더욱 성숙하게 인도하십니다.

영적 성장을 위해 간절히 기도하십시오. 기도 속에서 성령님의 인도하심을 경험하며, 신앙이 더욱 깊어지는 기쁨을 누리십시오.

하나님께서는 우리가 기도를 통해 자라나기를 원하시며, 기도하는 자에게 영적 성숙과 깊이를 더하여 주시는 분이십니다. 오늘도 기도로 믿음의 뿌리를 더욱 깊이 내리고, 신앙이 자라나는 은혜를 경험하는 하루가 되기를 바랍니다.

*"기도는 하나님의 성품을 닮아가는 여정이다.
기도할 때 우리는 영적으로 성장하며 하나님과 더욱 가까워진다."*

오늘의 기도 미션

하나님께서 내 마음에 주신 기도 제목을 한 가지 적어보세요.

오늘 내 기도의 중심 구절

오늘 묵상한 말씀 중, 기도하며 붙잡고 싶은 한 구절을 적어보세요.

나의 기도와 응답 기록

오늘 하루 동안 기도하며 경험한 것들을 기록해 보세요.

끝까지 기도할 수 있을까?

6부

→ 마지막까지 하나님과 동행하는 법

23. 요한일서 **담대함을 가지는 기도** (요일5:14-15)

24. 요한이서 **사랑과 순종 안에서 드리는 기도** (요이1:6)

25. 요한삼서 **영혼이 잘됨을 구하는 기도** (요삼1:2)

26. 유다서 **믿음을 지키는 기도** (유1:20-21)

27. 요한계시록 **마라나타! 주님의 오심을 사모하는 기도** (계22:20)

23 요한일서 (1 John)

묵상 주제 담대함을 가지는 기도
핵심 구절 요한일서 5장 14-15절

"그를 향하여 우리가 가진 바 담대함이 이것이니 그의 뜻대로 무엇을 구하면 들으심이라 우리가 무엇이든지 구하는 바를 들으시는 줄을 안즉 우리가 그에게 구한 그것을 얻은 줄을 또한 아느니라."

1. 본문을 살피며:

요한일서는 사랑과 믿음, 그리고 하나님과의 친밀한 관계를 강조하는 서신입니다. 특히 요한은 우리가 하나님 앞에서 담대하게 기도할 수 있음을 가르칩니다.

"우리가 무엇이든지 구하는 바를 들으시는 줄을 안즉 우리가 그에게 구한 그것을 얻은 줄을 또한 아느니라."

이 말씀은 기도할 때 확신을 가지고 하나님께 나아가야 한다는 진리를 가르쳐 줍니다. 하나님께서는 우리가 담대하게 기도할 때 기뻐하시며, 그분의 뜻에 맞는 기도를 응답하십니다. 오늘 우리는 이 말씀을 통해, 기도할 때 주저하거나 두려워하지 않고, 하나님께 확신을 가지고 나아가는 것이 왜 중요한지를 묵상해 보겠습니다.

2. 말씀을 품으며: 담대함을 가지는 기도를 통해 배우는 세 가지 교훈

❶ 하나님께서 우리의 기도를 들으신다.

하나님께서는 우리가 구하는 것을 들으시는 분이십니다. 기도를 통해 하나님과의 친밀한 교제를 나누고, 우리의 필요를 아뢰는 것이 중요합니다.

❷ 하나님의 뜻대로 기도할 때 우리는 응답을 확신할 수 있다.

기도는 하나님의 뜻을 발견하고 따르는 과정입니다. 하나님의 뜻에 합한 기도는 그분의 응답을 확신하며 드릴 수 있습니다.

❸ 기도는 믿음과 담대함을 요구한다.

하나님께 기도할 때, 우리는 주저하거나 두려워할 필요가 없습니다. 하나님께서는 우리가 믿음으로 나아갈 때 역사하시며, 우리의 기도를 신실하게 들으십니다.

3. 삶에 적용하며:

신앙의 여정 속에서 때로는 두려움과 불확실함이 우리를 흔들 때가 있습니다. 그러나 요한은 하나님 안에 거하는 자는 담대함을 가지고 기도할 수 있음을 가르쳤습니다. 우리가 담대하게 기도할 수 있는 이유는, 하나님께서 우리의 기도를 들으시고 응답하시는 분이시기 때문입니다. 기도할 때 망설이지 말고, 하나님의 뜻 안에서 담대하게 나아가 보십시오. 기도는 우리의 연약함을 극복하는 도구이며, 믿음으로 나아갈 때 하나님께서 힘을 더해 주십니다. 어떤 상황에서도 두려움보다 하나님을 신뢰하는 담대한 기도의 삶을 살아가십시오. 오늘도 하나님을 의지하며, 담대하게 기도하는 하루가 되기를 소망합니다.

4. 기도의 길잡이:

❶ 하나님과의 친밀한 관계를 위한 기도

"하나님, 기도할 때 망설이거나 두려워하지 않고, 담대하게 주님 앞에 나아가게 하소서. 언제나 주님과 깊이 교제하는 은혜를 누리며, 주님의 임재 안에서 참된 평안을 경험하게 하소서."

❷ 하나님의 뜻을 구하는 기도

"주님, 제 기도가 제 뜻을 주장하는 것이 아니라, 주님의 뜻을 발견하는 시간이 되게 하소서. 제 계획보다 하나님의 계획이 더욱 선하심을 신뢰하며, 주께서 인도하시는 길에 온전히 순종하는 믿음을 허락하여 주소서."

❸ 담대히 기도하는 믿음을 위한 기도

"하나님, 기도할 때 의심이 아니라 확신을 가지고 나아가게 하소서. 주님의 신실하심을 믿으며, 응답의 시기를 기다리는 동안에도 변함없는 믿음으로 인내하게 하시고, 주께서 가장 선한 길로 인도하실 것을 기대하는 담대한 믿음을 허락하여 주소서."

5. 믿음의 발걸음을 내디디며:

기도는 하나님과 나누는 깊은 교제입니다. 요한은 하나님의 뜻대로 드리는 기도가 얼마나 강력한지 강조하며, 우리가 믿음으로 확신을 가지고 기도할 것을 권면합니다. 하나님께서 우리의 기도를 들으시고 응답하신다는 확신이 있을 때, 우리는 더욱 담대히 주님 앞에 나아갈 수 있습니다.

하나님께 담대하게 기도하십시오. 하나님의 뜻을 구하며, 그분의 신실하심을 믿고 응답을 기대하는 마음으로 기도하십시오.

하나님께서는 우리가 두려움 없이 기도할 때 기뻐하시며, 가장 선한 방법으로 우리의 기도에 응답하는 분이십니다. 오늘도 기도로 하나님과 친밀히 교제하며, 기도의 기쁨과 능력을 깊이 경험하는 하루가 되기를 바랍니다.

"기도는 담대한 신앙을 요구한다.
하나님의 뜻을 알고 구하는 기도는 능력이 있다."

✦ 오늘의 기도 미션

하나님께서 내 마음에 주신 기도 제목을 한 가지 적어보세요.

✦ 오늘 내 기도의 중심 구절

오늘 묵상한 말씀 중, 기도하며 붙잡고 싶은 한 구절을 적어보세요.

✦ 나의 기도와 응답 기록

오늘 하루 동안 기도하며 경험한 것들을 기록해 보세요.

24 요한이서 (2 John)

묵상 주제 **사랑과 순종 안에서 드리는 기도**
핵심 구절 요한이서 1장 6절
"또 사랑은 이것이니 우리가 그 계명을 따라 행하는 것이요, 계명은 이것이니 너희가 처음부터 들은 바와 같이 그 가운데서 행하라 하심이라."

1. 본문을 살피며:

요한이서는 사도 요한이 진리를 따라 살아가는 성도들과 공동체에게 전한 짧지만 깊은 권면의 서신입니다. 당시 교회에는 그리스도의 성육신을 부정하는 거짓 가르침이 퍼지고 있었고, 요한은 참된 신앙은 단지 지식이 아니라 사랑과 순종의 삶으로 드러나야 한다고 강하게 가르칩니다. 특히 요한이서 6절은 사랑은 곧 하나님의 계명을 따라 행하는 삶이며, 그 계명을 지키는 것이 진정한 순종임을 강조합니다.

이 말씀은 사랑이 하나님의 뜻에 순종하는 행동으로 연결되어야 함을 보여줍니다. 기도는 바로 그 사랑과 순종의 삶을 이어가는 영적 훈련입니다. 하나님의 말씀을 따라 살아가고자 할 때, 우리는 기도를 통해 하나님의 사랑을 깨닫고, 그분의 뜻 안에서 순종할 힘을 얻게 됩니다. 오늘 이 말씀을 통해, 기도가 사랑을 실천하고 순종을 이루는 자리임을 묵상해 보시길 바랍니다.

2. 말씀을 품으며: 사랑과 순종 안에서 드리는 기도를 통해 배우는 세 가지 교훈

❶ 기도는 하나님의 사랑을 깊이 경험하는 시간이다.

요한은 참된 사랑이 말이나 감정에 그치지 않고, 하나님의 뜻에 따라 살아가는 삶으로 드러나야 한다고 가르칩니다. 기도는 우리가 하나님의 사랑을 배워가고, 그 사랑 안에 깊이 머무는 시간입니다. 하나님 앞에 나아가 그 사랑을 구하고, 그 사랑을 따라 살아갈 힘을 기도 가운데 얻게 됩니다.

❷ 기도는 순종의 삶으로 이어져야 한다.

요한은 "계명을 따라 행하라"(요한이서 1:6)고 말합니다. 하나님은 우리가 기도를 통해 그분의 뜻을 깨닫고, 그 뜻에 순종하는 삶으로 나아가기를 원하십니다. 기도는 하나님의 마음을 구하고, 그 뜻에 기꺼이 순종하겠다는 결단을 세우는 시간입니다.

❸ 기도는 거짓된 것을 분별하고 바른 길로 인도한다.

요한은 거짓 교사들에게 속지 말라고 강하게 경고합니다(요한이서 1:7-8). 우리가 기도할 때, 하나님께서 진리를 분별하는 지혜를 주십니다. 기도는 우리가 하나님의 말씀에 뿌리를 내리고, 올바른 길을 걷도록 인도하는 힘이 됩니다.

3. 삶에 적용하며:

우리의 기도는 하나님을 사랑하고, 그분께 순종하는 삶과 연결되어야 합니다. 기도는 하나님과의 동행, 사랑, 그리고 순종을 배우는 과정입니다. 기도를 통해 하나님의 사랑을 경험하고, 그 사랑 안에서 순종하며 살아가기로 결단해 보십시오. 말씀을 읽고 깊이 묵상하며 기도하십시오. 그리고 하나님의 뜻에 온전히 순종하는 기도를 올리십시오.

4. 기도의 길잡이:

❶ 하나님의 사랑을 깊이 경험하는 기도

"사랑의 하나님, 저를 향한 주님의 크신 사랑을 날마다 깊이 깨닫게 하시고, 그 사랑 안에서 참된 기쁨과 평안을 누리며 살아가게 하소서. 주님의 사랑이 제 삶을 채우고, 그 사랑을 흘려보내는 삶을 살게 하소서."

❷ 하나님의 뜻에 순종하는 기도

"주님, 제 뜻이 아니라 주님의 뜻을 따라 사는 삶이 되게 하소서. 제 마음을 열어 주님의 음성을 듣게 하시고, 깨달음에서 그치지 않고 온전히 순종하는 믿음을 허락하여 주소서."

❸ 진리를 분별하는 지혜를 구하는 기도

"하나님, 세상의 거짓과 유혹 속에서도 주님의 말씀을 기준 삼아 살아가게 하소서. 성령께서 지혜와 분별력을 주셔서, 바른 길을 선택하고 흔들림 없이 걸어가도록 인도하여 주소서."

5. 믿음의 발걸음을 내디디며:

우리는 때때로 기도하면서 하나님께서 우리의 뜻대로 응답해 주시기를 기대하곤 합니다. 그러나 요한은 참된 기도는 하나님의 사랑을 깊이 깨닫고, 그분의 계명에 순종하는 삶으로 이어져야 함을 강조합니다. 진정한 기도는 하나님과 더 가까워지는 시간이자, 그분의 뜻을 구하고, 그 말씀에 순종하기로 결단하는 자리입니다.

하나님의 사랑 안에서 기쁨으로 순종을 선택하며 기도해 보십시오. 하나님의 말씀을 붙잡고, 그 뜻을 삶 속에 실천하며 믿음으로 살아가십시오.

하나님은 순종하는 자의 기도를 통해 일하시고, 그 기도를 통해 사랑을 전하는 사람들을 사용하십니다. 오늘도 기도를 통해 하나님의 뜻을 따르고 사랑과 순종을 살아내는 하루가 되시길 바랍니다.

"기도는 사랑의 실천이며, 순종의 가장 아름다운 표현이다."

:: 오늘의 기도 미션
하나님께서 내 마음에 주신 기도 제목을 한 가지 적어보세요.

:: 오늘 내 기도의 중심 구절
오늘 묵상한 말씀 중, 기도하며 붙잡고 싶은 한 구절을 적어보세요.

:: 나의 기도와 응답 기록
오늘 하루 동안 기도하며 경험한 것들을 기록해 보세요.

25 요한삼서 (3 John)

묵상 주제 **영혼이 잘됨을 구하는 기도**
핵심 구절 요한삼서 1장 2절
"사랑하는 자여 네 영혼이 잘됨같이 네가 범사에 잘되고 강건하기를 내가 간구하노라."

1. 본문을 살피며:

요한삼서는 교회를 섬기는 성도들에게 격려와 권면을 전하는 서신입니다. 특히 요한은 성도들의 영혼이 잘됨과 더불어, 그들의 삶과 건강도 하나님의 은혜 가운데 강건하기를 간구합니다.

"사랑하는 자여 네 영혼이 잘됨같이 네가 범사에 잘되고 강건하기를 내가 간구하노라."

이 말씀은 우리의 기도가 무엇을 먼저 구해야 하는지를 잘 가르쳐 줍니다. 오늘 우리는 이 말씀을 통해, 우리의 기도가 영혼의 강건함을 바탕으로 삶의 모든 영역에서 하나님의 복을 구하는 것이 얼마나 중요한지를 묵상해 보겠습니다.

2. 말씀을 품으며: 영혼이 잘됨을 구하는 기도를 통해 배우는 세 가지 교훈

❶ 영혼의 건강이 삶의 복을 이끈다.

요한은 먼저 영혼이 잘되는 것이 가장 중요하다고 강조합니다. 우리의 기도 또한 영적인 강건함을 먼저 구하는 것에서 시작해야 하며, 그 이후에 우리의 삶과 건강을 위한 기도로 나아가야 합니다. 영혼이 하나님과 바른 관계 속에서 성장할 때, 삶의 모든 영역에서도 진정한 복을 경험할 수 있습니다.

❷ 기도는 범사에 하나님의 복을 구하는 도구이다.

기도는 특정한 영역에만 국한되지 않습니다. 기도는 삶의 모든 부분을 하나님께 맡기는 과정입니다. 우리의 건강, 재정, 관계, 사역 등 모든 영역에서 하나님의 인도하심과 복을 구하는 것이 중요합니다. 기도를 통해 우리는 하나님의 뜻을 구하고, 그분의 선하신 계획을 신뢰하며 살아가게 됩니다.

❸ 기도는 다른 사람을 위한 중보의 도구이다.

요한은 자신이 사랑하는 성도를 위해 그들의 영혼과 삶이 강건하기를 간절히 기도했습니다. 우리 또한 주변 사람들의 영혼의 건강과 복을 위해 중보해야 합니다. 중보 기도는 사랑의 표현이며, 하나님께서 우리의 기도를 통해 다른 사람들에게도 은혜를 베푸시는 귀한 도구입니다.

3. 삶에 적용하며:

우리는 종종 육신의 건강과 물질적인 필요에 집중하지만, 성경은 우리의 영혼이 잘되는 것이 가장 중요함을 강조합니다. 요한은 성도들에게 영혼이 잘될 때, 모든 것이 형통해질 수 있다고 가르쳤습니다. 영혼이 잘된다는 것은 하나님과 깊이 교제하며, 그분의 은혜 안에서 살아가는 것입니다.

하나님의 말씀과 기도를 통해 내 영혼의 상태를 점검해 보십시오. 외적인 성공보다, 하나님과의 관계를 우선순위에 두고 영적인 성장을 이루어 보십시오. 영혼이 강건해질 때, 삶의 모든 영역에서 하나님의 평안과 형통함을 경험하게 될 것입니다. 오늘도 하나님을 의지하며, 영혼이 잘되는 삶을 살아가는 하루가 되기를 소망합니다.

4. 기도의 길잡이:

❶ 영혼의 강건함을 위한 기도

"하나님, 제 영혼이 날마다 주님의 말씀으로 새로워지고, 주님과의 깊은 교제 안에서 더욱 강건해지게 하소서. 어떤 상황에서도 흔들리지 않으며, 주님의 진리 위에 굳건히 서서 믿음으로 살아가게 하소서."

❷ 삶의 모든 영역에서 복을 구하는 기도

"주님, 제 영혼이 잘됨같이, 제 삶의 모든 영역에서도 주님의 은혜와 복이 충만하기를 간절히 구합니다. 주님의 손길로 인도하시고, 제 삶이 주님의 영광을 드러내는 축복의 통로가 되게 하소서."

❸ 다른 사람을 위한 중보 기도

"하나님, 제가 사랑하는 이들의 영혼과 삶이 주님 안에서 강건하도록 은혜를 부어 주소서. 그들의 마음에 주님의 평안을 허락하시고, 주님의 뜻 안에서 온전히 서도록 붙드시며 인도하여 주소서."

5. 믿음의 발걸음을 내디디며:

우리의 삶에서 가장 중요한 것은 영혼이 하나님 앞에서 건강하게 유지되는 것입니다. 요한은 성도들을 위해 기도하며, 그들의 영혼이 강건하고 삶 또한 풍성해지기를 간절히 간구했습니다. 영혼의 건강은 우리의 삶 전반에 영향을 미치며, 하나님과의 깊은 교제 속에서 더욱 온전해집니다.

영혼의 강건함을 위해 기도하십시오. 삶의 모든 영역에서 하나님의 은혜를 구하며, 사랑하는 이들을 위해 중보 기도를 실천하십시오.

하나님께서는 우리의 영혼이 잘되기를 원하시며, 그 강건한 영혼을 바탕으로 우리의 삶을 더욱 풍성하게 채워 주시는 분이십니다. 오늘도 기도를 통해 영혼을 돌보고, 하나님의 복을 깊이 경험하는 하루가 되기를 바랍니다.

"기도는 우리의 영혼을 하나님께 맡기는 행위이다."

오늘의 기도 미션
하나님께서 내 마음에 주신 기도 제목을 한 가지 적어보세요.

오늘 내 기도의 중심 구절
오늘 묵상한 말씀 중, 기도하며 붙잡고 싶은 한 구절을 적어보세요.

나의 기도와 응답 기록
오늘 하루 동안 기도하며 경험한 것들을 기록해 보세요.

26 유다서 (Jude)

묵상 주제 **믿음을 지키는 기도**
핵심 구절 유다서 1장 20-21절

"사랑하는 자들아 너희는 너희의 지극히 거룩한 믿음 위에 자신을 세우며 성령으로 기도하며 하나님의 사랑 안에서 자신을 지키며 영생에 이르도록 우리 주 예수 그리스도의 긍휼을 기다리라."

1. 본문을 살피며:

유다서는 거짓 교사와 배교의 위험 속에서 성도들이 어떻게 믿음을 지켜야 하는지를 권면하는 서신입니다. 특히 유다는 기도를 통해 성도들이 믿음을 지키고, 하나님의 사랑 안에서 자신을 보존해야 한다고 강조합니다.

"사랑하는 자들아, 너희는 지극히 거룩한 믿음 위에 자신을 세우며 성령으로 기도하며."

이 말씀은 우리가 기도를 통해 우리의 믿음을 굳건하게 지키고, 영적인 무너짐에서 보호받을 수 있음을 가르쳐 줍니다. 오늘 우리는 이 말씀을 묵상하며, 믿음을 지키는 기도의 중요성을 깊이 생각해 보겠습니다.

2. 말씀을 품으며: 믿음을 지키는 기도를 통해 배우는 세 가지 교훈

❶ 기도는 믿음을 지키는 영적인 방패이다.

기도를 통해 우리는 믿음이 흔들리지 않도록 하나님의 도우심을 구할 수 있습니다. 성령 안에서 기도할 때, 우리는 더욱 강한 믿음 위에 서게 됩니다.

❷ 기도는 영적 싸움에서 승리하게 한다.

유다는 거짓된 가르침과 영적 유혹이 있을 때 성도들이 기도로 깨어 있어야 함을 강조합니다. 기도는 우리를 어둠 속에서 보호하고, 하나님의 빛 가운데 머물게 하는 힘입니다.

❸ 기도는 하나님의 사랑 안에 거하게 한다.

믿음을 지키는 기도는 하나님과 더욱 깊은 관계를 유지하는 방법입니다. 기도를 통해 우리는 하나님의 사랑 안에서 항상 보호받고 인도받는 삶을 살게 됩니다.

3. 삶에 적용하며: 믿음을 지키는 기도를 실천하기

신앙의 길을 걸어가다 보면 우리의 믿음을 시험하는 순간들이 찾아옵니다. 유다는 마지막 때가 올수록 믿음을 굳게 지키고, 하나님 앞에서 신실하게 서야 함을 강조했습니다. 믿음은 기도와 순종을 통해 더욱 굳건해집니다. 믿음이 흔들릴 때 더욱 하나님께 나아가 기도하는 시간을 가져 보십시오. 어떤 상황 속에서도 하나님의 말씀을 붙들며, 믿음을 끝까지 지키는 삶을 선택해 보십시오. 믿음을 지키는 것은 하나님께 의지할 때 가능한 것임을 기억하십시요. 오늘도 하나님과 동행하며, 끝까지 믿음을 지켜가는 하루가 되기를 소망합니다.

4. 기도의 길잡이:

❶ 영적인 보호를 위한 기도

"하나님, 세상의 유혹과 거짓된 가르침 속에서도 제 믿음이 흔들리지 않도록 굳게 지켜 주소서. 주님의 말씀을 분별의 기준 삼아 언제나 진리 위에 서게 하시고, 어떤 상황에서도 주님을 신뢰하며 담대히 나아가는 믿음을 허락하소서."

❷ 성령 안에서 기도하는 삶을 위한 기도

"주님, 성령님의 인도하심에 민감하게 반응하며 기도하는 삶을 살게 하소서. 날마다 하나님의 뜻을 분별하며, 믿음 위에 굳게 서서 주님과 동행하는 기도의 사람이 되게 하소서. 기도의 자리에서 주님의 음성을 듣고, 순종하는 삶을 살게 하소서."

❸ 하나님의 사랑 안에 머물도록 기도하는 기도

"하나님, 어떤 상황에서도 주님의 사랑을 깊이 깨닫고, 그 사랑 안에서 흔들림 없이 살아가게 하소서. 주님의 사랑이 제 삶을 가득 채우고, 그 사랑을 이웃에게도 흘려보내는 통로가 되게 하시며, 주님의 마음으로 세상을 섬기게 하소서."

5. 믿음의 발걸음을 내디디며:

우리는 믿음을 지키기 쉽지 않은 세상을 살아갑니다. 그러나 유다는 성도들에게 기도로 깨어 있으라고 권면하며, 기도를 통해 믿음을 더욱 강하게 세우라고 강조했습니다. 기도는 우리의 영혼을 보호하는 방패이며, 하나님의 사랑 안에서 흔들림 없이 설 수 있도록 돕는 강력한 영적 무기입니다.

믿음을 굳게 지키는 기도를 올려드리십시오. 기도를 통해 영적 방패를 세우고, 하나님의 사랑 안에서 날마다 거하며 승리하는 삶을 살아가십시오.

하나님께서는 우리의 기도를 들으시고, 믿음을 더욱 강하게 하시며 우리를 보호하시는 분이십니다. 오늘도 기도로 믿음을 지키며, 하나님의 능력과 인도하심을 깊이 경험하는 하루가 되기를 바랍니다.

"기도는 믿음을 지키는 방패이자, 영적 전쟁의 무기이다."

오늘의 기도 미션
하나님께서 내 마음에 주신 기도 제목을 한 가지 적어보세요.

오늘 내 기도의 중심 구절
오늘 묵상한 말씀 중, 기도하며 붙잡고 싶은 한 구절을 적어보세요.

나의 기도와 응답 기록
오늘 하루 동안 기도하며 경험한 것들을 기록해 보세요.

27 요한계시록 (Revelation)

묵상 주제 마라나타! 주님의 오심을 사모하는 기도
핵심 구절 요한계시록 22장 20절
"이것들을 증언하신 이가 이르시되 내가 진실로 속히 오리라 하시거늘 아멘 주 예수여 오시옵소서."

1. 본문을 살피며:

요한계시록은 박해 가운데 놓인 초대교회 성도들에게 예수 그리스도의 재림과 하나님 나라의 완성을 약속하며 소망을 주는 예언서입니다. 로마 제국의 억압과 고난 속에서 살아가던 성도들에게 요한은 예수 그리스도께서 이미 승리하셨으며, 마침내 다시 오셔서 모든 것을 회복하실 것을 선포합니다. 요한계시록은 두려움의 책이 아니라, 종말의 혼란 속에서도 믿음을 끝까지 지키도록 위로하고 격려하는 말씀입니다. 그리고 그 말씀은 마지막 장에서 한마디 기도로 마무리됩니다.

"아멘, 주 예수여 오시옵소서."

이 짧은 기도는 고난의 한가운데서 주님의 다시 오심을 소망하며 드리는 간절한 믿음의 외침입니다. 오늘 우리는 이 말씀을 통해, 세상의 끝을 두려워하기보다 주님의 다시 오심을 기대하며 준비하는 기도자의 삶이 얼마나 중요한지를 깊이 묵상해야 하겠습니다.

2. 말씀을 품으며: 주님의 오심을 사모하는 기도를 통해 배우는 세 가지 교훈

❶ 기도는 주님의 재림을 준비하는 삶을 살게 한다.

성경은 언제 주님이 다시 오실지 모른다고 경고합니다. 기도하는 삶은 늘 깨어 있어, 주님을 맞이할 준비가 된 삶을 살게 합니다.

❷ 기도는 세상의 유혹에서 벗어나게 한다.

요한계시록은 세상의 유혹과 타락 속에서도 끝까지 믿음을 지켜야 함을 강조합니다. 기도는 우리를 하나님께 집중하게 하며, 세상의 것들에 마음을 빼앗기지 않도록 지켜줍니다.

❸ 기도는 주님의 나라를 소망하는 삶을 살게 한다.

우리가 기도할 때, 이 땅에서의 삶을 넘어 하나님의 나라를 바라보는 시선을 가질 수 있습니다. 성도는 주님의 재림을 기다리며, 이 땅에서도 하나님의 뜻을 이루며 살아가야 합니다.

3. 삶에 적용하며:

성경은 예수님의 재림을 약속하며, 요한계시록은 그날을 기다리는 성도의 삶을 보여줍니다. 주님의 재림을 사모하는 삶은 그날을 준비하며 거룩하게 살아가는 삶입니다. 주님의 오심을 기억하며 신앙의 자리에서 더욱 충성되게 살아가십시오. 일상 속에서 하나님을 기쁘시게 하고 있는지 돌아보며, 믿음의 발걸음을 내딛으십시오. 재림을 사모하는 기도는 주님을 향한 사랑과 소망을 드러내는 믿음의 행위입니다. 오늘도 그 약속을 붙들고 충실하게 살아가는 하루가 되시길 바랍니다.

4. 기도의 길잡이:

❶ 주님의 재림을 준비하는 기도

"주님, 언제 오시든 항상 깨어 기도하며 거룩한 삶을 준비하게 하소서. 날마다 믿음 안에 굳건히 서서 주님의 뜻을 따르며, 주님을 기쁘시게 하는 삶을 살아가도록 인도하여 주소서. 재림의 소망을 품고 주어진 사명을 끝까지 감당하게 하소서."

❷ 세상의 유혹에서 벗어나기 위한 기도

"하나님, 제 마음이 세상의 헛된 것에 흔들리지 않도록 붙들어 주소서. 주님의 진리를 따라 바르고 정결한 삶을 살게 하시며, 유혹과 타협하지 않고 주님 안에서 거룩함을 지키는 능력을 허락하여 주소서. 언제나 주님의 말씀을 삶의 기준으로 삼으며 살아가게 하소서."

❸ 주님의 나라를 소망하는 기도

"아멘! 주 예수여, 어서 오시옵소서. 그날까지 신실한 믿음으로 살아가게 하시고, 주님의 나라를 간절히 사모하며 주어진 삶을 충성스럽게 감당하게 하소서. 매일의 삶이 주님 오실 날을 준비하는 시간이 되게 하시고, 주님 앞에 설 때까지 흔들리지 않는 소망 가운데 거하게 하소서."

5. 믿음의 발걸음을 내디디며:

우리는 바쁜 일상으로 주님의 다시 오심을 기다리고 있다는 사실을 종종 잊곤 합니다. 그러나 성경은 마지막 때가 가까이 왔으며, 성도들은 깨어 기도하며 준비해야 한다고 강조합니다. 주님의 재림을 사모하는 삶은 단순한 기대가 아니라, 기도를 통해 그날을 준비하고 주님의 나라를 소망하며 살아가는 신앙의 결단입니다.

주님의 오심을 간절히 사모하며 기도하십시오. 이 땅의 삶에 얽매이지 않고, 영원한 하나님의 나라를 바라보며 살아가기로 결단하십시오.

하나님께서는 우리의 기도를 들으시며, 마지막 날까지 우리를 신실하게 붙드시고 인도하시는 분이십니다. 오늘도 "아멘, 주 예수여 오시옵소서"라고 고백하며, 기도로 재림을 기다리는 복된 하루가 되기를 바랍니다.

"기도할 때마다 '주 예수여, 어서 오시옵소서!'라고 외쳐야 한다."

⁘ 오늘의 기도 미션

하나님께서 내 마음에 주신 기도 제목을 한 가지 적어보세요.

⁘ 오늘 내 기도의 중심 구절

오늘 묵상한 말씀 중, 기도하며 붙잡고 싶은 한 구절을 적어보세요.

⁘ 나의 기도와 응답 기록

오늘 하루 동안 기도하며 경험한 것들을 기록해 보세요.

에필로그

기도로 살아가는 삶

이 책의 마지막 장을 넘기며, 신약성서 속 '기도'의 메시지를 중심으로 묵상하고 실천해 온 여러분의 걸음을 진심으로 격려하고 싶습니다. 기도를 배우고자 하는 갈망으로 이 책을 펼쳤던 여러분의 마음을 하나님께서 기쁘게 받으셨을 줄 믿습니다. 기도는 우리의 믿음을 지키고 자라나게 하며, 하나님과 날마다 동행하는 삶의 중심이 됩니다.

우리는 종종 기도를 어렵게 느끼거나, 바쁜 일상에서 기도를 미루곤 합니다. 때로는 응답이 늦어지는 것 같아 낙심하기도 하고, 어떻게 기도해야 할지 몰라 주저할 때도 있습니다. 하지만, 이 책을 통해 묵상해 온 것처럼, 기도는 우리의 능력으로 하는 것이 아니라, 성령님의 도우심으로 이루어지는 것입니다.

예수님이 우리에게 남기신 기도의 삶을 깊이 들여다보면, 기도는 믿음, 인내, 순종, 끈기, 사랑을 실천하는 여정임을 깨닫게 됩니다.

† 믿음이 있기에 우리는 하나님께 나아가 기도합니다.

† 인내를 통해 하나님의 때를 기다리며 기도합니다.
† 순종하며 하나님의 뜻을 구하는 기도를 드립니다.
† 끈기 있게 기도할 때, 우리의 영혼은 더욱 강해집니다.
† 그리고 사랑으로 세상을 품으며, 하나님 나라를 이루고 확장해 나가는 귀한 도구가 됩니다.

저는 이 책을 통해 기도의 기교나 형식을 전하고 싶었던 것이 아닙니다. 여러분이 기도를 통해 영적으로 자라나고, 하나님과 더욱 깊고 친밀한 관계 속에서 살아가시길 소망하며 이 원고를 썼습니다. 기도는 하나님과 함께 걷는 삶의 여정이며, 매일의 순간 속에서 그분의 음성을 듣고 응답하는 은혜의 시간입니다.

이 책을 덮더라도, 기도를 멈추지 마십시오. 기도의 자리에서 하나님과 대화하고, 삶의 크고 작은 순간마다 기도를 실천하며 살아가십시오. 때로는 기도가 막힐 때도 있겠지만, 성령님이 여러분의 연약함을 도우고 계시며, 우리가 말로 다 표현할 수 없는 간구조차 하나님께 올려드리고 계심을 기억하십시오.

오늘도, 그리고 내일도 예수님이 걸어가신 기도의 길을 따라 걷기를 바랍니다. 기도는 멈추지 않고 이어지는 신앙의 여정이며, 우리의 삶이 하나님의 뜻 안에서 자라나는 통로입니다. 기도가 계속될 때, 하나님께서는 그 기도를 사용하셔서 우리의 마음을 다듬으시고, 걸음을 인도하십니다.

기도하는 당신의 신앙 여정 속에, 하나님의 은혜가 늘 함께하길 축복합니다.

예수님의 '기도' 마스터 클래스

—

초판1쇄인쇄 2025년 6월 19일
발행일 2025년 6월 26일

지은이 박선규
펴낸곳 반디북스
디자인 노은경
인쇄 새한문화사
출판등록 2024년 10월 22일 (제2024-000084호)
문의/메일 bandibooks2024@gmail.com

ISBN 979-11-989925-2-9(03200)

※ 이 책의 저작권은 저자와 반디북스에 있습니다.
※ 본 책의 내용은 저작권법에 따라 보호되며, 무단 전재와 복제를 금합니다.